法、言葉、忘れ得ぬ人々

内池慶四郎随想録

慶應義塾大学内池研究会・みなと会 編

慶應義塾大学出版会

内池慶四郎先生

序文

内池慶四郎先生は、昭和七（一九三二）年、福島市内に江戸時代から続く内池醸造（醤油・味噌の製造）の五人兄姉（男四・女一）の末っ子として誕生された。

長男が日本銀行に勤務し、二男、三男が夭逝したため、先生に跡継ぎを期待していた両親は、先生が卒業後慶應に残ることになった時、慶應に取られたと言って嘆いたそうである。

このことがあって、先生は「私は親不孝ものです」という言葉を時々口にすることがあったという。しかしながら、私達教え子にとっては、この上なく良い先生であった。

先生は身長一七六センチと当時としては長身であった。トレンチコートの襟を立て、ソフト帽を被り、革のカバンを片手に、颯爽と教室に入って来られる若き日の先生の姿は、惚れ惚れするほどダンディであった。しかも、渋い声で訥々と話す語り口で学生達に人気があった。

ゼミの講義は「僕はこの時間、我慢できないから煙草を吸わせてもらいます。諸君も自由にしてください。その代わり後始末はきちんとしてください」という挨拶で始まった。

お宅に伺うと、書斎の天井から、子供の頃からの趣味であったという手作りの模型飛行機が沢山ぶらさがっていた。そして、これ誰の曲だかわかるかいと言いながらギターでバッハ等を演奏してくださった。

卒業の時には、教え子たちを連れて浅草を散策するのを恒例としていた。別れ際に軽く手を挙げ「じゃ、失敬」と言って、やや背を丸めて去ってゆく晩年の先生の後ろ姿は、永井荷風の風情であった。

先生はゼミの機関誌「流石」（リュウセキ）に毎号「巻頭言」を寄稿されていた。味わい深い内容や先生のお人柄やものの考え方・見方が伺えて、私達教え子はそれを読むのを大変楽しみにしていた。

ところが、先生が亡くなられたことによりそれが叶わなくなってしまったため、私達の心の中に渇望感というか淋しい思いが生じていた。

そんな折、三上雅通氏より相談したいことがあるのでお会いしたい、との電話があった。

三上氏は、現在青森県の弘前市で弁護士をされているが、慶應義塾大学法学部法律学科を昭和四六年に卒業され、峯村光郎ゼミ出身であるが、大学院時代に内池先生のもとで指導を受けつつ、公私にわたり内池先生と親交を深められた方で、法科大学院の教授をされた方でもある。

お会いすると「内池ゼミの卒業生の皆さんは、先生のエッセイを読んだといえば、流石に掲載されている巻頭言がほぼそのすべてではないでしょうか。しかし、先生は「流石」以外にも三田評論、三色旗、教養論叢等の雑誌に寄稿されているし、私信の類いもある。それらをまとめてエッセイ集を出しませんか。材料は私の方で集めます」ということであった。

なにやら砂漠でオアシスに出遭ったような、そんな気がした。

やがて集められた材料は膨大且つ多種多様であった。それらの材料を「みなと会」（内池研究会同窓会の名称）の役員で読破し、

一．先生が学者として感じていることや、趣味について、つれづれなるままに書かれたもの

二．恩師や同僚・友人への思いについて書かれたもの

三．法と言葉と解釈の問題についての論考

四．鑑定書――ハンセン病国家賠償請求の期間制限について

に分類・整理した。

三と四は「随想録」には馴染まないものであるが、三については、法律学者として先生が関心の最も深かっ

た領域である、法と言葉と解釈の問題についての論考であること、また、四については、先生が学問の世界ではなしに、裁判所に提出され、かつ、教え子の裁判に直接関わることとなった鑑定書であることから、敢えて掲載させていただくこととした。

それぞれに、一．学者つれづれ、二．忘れ得ぬ人々、三．法と言葉、と章立てをし、四については付録とした。改めて通して読んでみると、先生の学問や人に対する真摯な姿勢をひしひしと感じ、胸が熱くなってくるばかりでなく、趣味の広さと深さに裏打ちされた教養人・文化人としての姿に魅了される。

本随想録は教え子にとっては、珠玉の言葉の詰まった「宝石箱」のような本であるが、教え子でない人にとっても示唆に富み、楽しめる一冊ではないかと思う。

先生が逝かれてはや二年が過ぎたが、先生を追慕するの情まことに切なるものがある。この本を手にされた方が、先生のお人柄に思いを馳せながらお読みいただければ幸いである。

編集にあたっては、三上雅通氏並びに慶應義塾大学出版会の岡田智武氏に大変お世話になった。心から厚くお礼を申し上げる。

平成二六年六月

慶應義塾大学内池研究会同窓生を代表して　水藤一彦

付記　豊泉貫太郎弁護士と私が慶應義塾大学法科大学院の教員をしていた時分、宮下啓子弁護士より、慶應義塾のために役立てるようにと、私ども宛に指定寄付をして戴いた。悩んだ末、同寄付金を本書出版費用の一部に充てることとしたが、そのことを快諾して下さった両弁護士には、感謝の念でいっぱいである。

三上雅通

目次

第二章　忘れ得ぬ人々

第三章　法と言葉

付　録

第一章

学者つれづれ

青春賛歌

一九六六（昭和41）年「流石」創刊号

ゼミナール委員の水藤君がやって来て、何か書いて呉れというのです。

再三お断りしたが勘弁してくれない。

そこで学生時代のノートを探し出して、当時書き散らかした文章を以下に写します。

だからこれは十数年前の学生が書いたもので、教師が書いたものではありません。念のため。

青春は泥沼だという。たゝかい、性欲、理想、権力、感情等々青春に悩みはつきものに違いない。

しかしこれらは人間の一生にわたってその生命力が続く限りつきまとうので、何も青春に独自なものではあるまい。

むしろこれらの悩みは生命の炎そのものといえるだろう。

俺はかって人生の秋、人生の高原状態を賛美したことがあった。

いまはしかしそれを美しいものと見こそすれ、それを意欲はしない。

それはなんといっても一つの極限値であり、その実在は比喩以上のものではない。

青春を泥沼としても、青春に伴う悩みを肯定しても、泥水の中に、なお蛙の天国が無いとは誰にもいえない。

青春は泥沼だという言葉よりも、青年にはいたる所に天国があるという言葉の方に、俺は、より多くの真実を感ずる。

極めて自明のことながら、青春こそは神の大いなる恩寵である。望まずして与えられた贈物である。

死もこの特権を奪うことはできない。若くして死ぬ者は、その若さに永遠に定着されるから。

神に愛された者は若く死ぬという。

恐らくはこの神話には何のパラドックスもないのだろう。

伝説は恐らく一つの透徹した智慧ではあるまいか。


一九六七（昭和42）年「流石」

乙君への手紙

拝啓　お変りありませんか。

二月に入ってから、にわかに寒い日が続き、ここ綱島の田舎にも近頃珍しい積雪を見ました。

御存知のとおり二月から三月にかけては、教師にとってユーウツな季節です。

学年末の試験が済んで山のような答案を抱えたまま入学試験の騒々しい事務に巻き込まれ、気がつくといつの間にか夏休み近くになってしまうのが毎年の例です。

今年は去年からの例のベビーブームとやらの名残りで、法学部だけでも二万名近い受験生を迎えるのですから、その騒ぎは今から思いやられるわけです。

ともあれ今年の入試には、学費問題等にからむトラブルが起らずに済みそうなことは不幸中の幸いというべきでしょう。

塾であの問題が起った時あなたは二年か一年であったのですから、当時の記憶はまだ生々しいと思います。勿論私にも忘れることのできない体験です。のど元過ぎれば熱さ忘れる、といいます。また鹿を逐うものは山を見ず、とも申します。

忘れぬうちに、しかも一定の距離を置いて、私達は自分自身にたずねる必要があるように思います。私達はあの騒動で何を失い、何を得たのかと。

今はそんな時期ではないかと思います。

思いつくままにとりとめのない手紙になりました。学年試験の済むのを待ちかねてスキーをかつぎ山に飛んで行った学生時代を思い出します。

去年の雪

いまいずこ――

ご健康を祈ります。

敬具

Y君への手紙

一九七〇（昭和45）年「流石」


拝啓　またまた長いことご無沙汰してしまいましたが、お変りありませんか。

貴君が大学を出られてから大分経ちましたが、学生生活の埃も実社会の水に洗われて立派な青年紳士が出来あがった頃かと思います。

御承知のとおり、今年は大学が随分と騒がしい年でありました。

バリストはとくに日吉では年中行事みたいになり、立て看板、ポスターの類はすでに大学構内の風物詩にて、これがないと間が抜けたような感じさえします。

大部分ガラスの抜けた教室で授業をして居りますとスチームの通る壁の部分だけがヤケに温かく、野原の焚火という感じでありました。

当方は教壇の上を右往左往して大きな声を出して居りますからまだしのげますけれども、ヒッソリとノートしている塾生諸君は大変だろうと気の毒になります。

安保、学費、米軍資金と続いて今年の紛争と、何か一息に繋がって、時の経つのが篦棒に早く、おかげで教師をしていると年をとらないですみそうです。

今度貴君にあう時には、きっと貴君の方が私よりも老けて親父面になっているだろうと確信しております。

再会を楽しみにしております。

御自愛を祈ります。
十二月二十四日

敬具

権兵衛論序説

古い諺にいう。「権兵衛が種蒔けば鴉がきてほじくる」と。
しかしながら、蒔かぬ種から芽のでないことも残念なる真実である。
鴉が世の中に実際多すぎるから
—黒い鴉や白い鴉や、
はてはピンクの鴉まで—
ほじくる鴉が気になって籠を抱えた権兵衛は、畠の中で立ち往生する。
それでもやっぱり種を蒔く権兵衛を、偉大であると私は思う。

一九七六（昭和51）年「流石」

白き帆を上げる

「白き帆を上げる
　ただ一人　涯しなき沖に向いて
白き帆を上げる
　潮騒の果つる　彼方に」
数年前郷里福島で死んだ姉の詩の一節であります。
三田の山はビルの谷間に埋まり、校舎の窓から品川の沖は見えなくなってしまいましたが、ここを旅立って行った多くの友人達に、新らしい「流石」の一冊が遠い港で受取る故郷の便りともならんことを。

一九七八（昭和53）年「流石」

みなと会について

この度ゼミ四年生の諸君の要請により、私達のゼミのOB会の名前をみなと会と決めた。後々の誤解や混乱をさけるために、命名の趣旨をここに記しておきたい。

一九八〇（昭和55）年「流石」

時は二十五年前にさかのぼる。

昭和三十年に卒業した時の私達のクラス会で、会の名前が議論された。

大学一年当時のクラス担任であられた恩師、田中次郎先生は、ニイチェの随想に即して、私達の会にみなと会という名前をおつけになりたかったのであるが、賛成者少数で容れられるところとならず、結局慶羊会という平凡な名前に落ち着いて現在に及んでいる。

たまたま卒業した昭和三十年が、羊年であったという愚劣な理由でしかない。

だからこの度のみなと会という名前は、「江戸の仇を長崎」ならぬ「旧師のうらみを後輩」に晴らそうとする、私情の勝手な表現にほかならない。

諸君、よろしくその趣旨を諒とせられよ。

一月一〇日

一九八一（昭和56）年「流石」

恋も試験も——

恋も試験も苦しかりにき——

三田山上の一隅にある歌碑の一節を知る人も多いでしょう。

恋と試験のほかに、ゼミには毎週のレポートから新ゼミ員の選抜、浅草の実態調査まであるのだから。まことにお忙しい日々であったと思います。

加うるに今回は文集を出されると云う。何と激しくも逞しくまた優しい青春の氾濫かと、生来不精者の私は綱島の万年床の中で感嘆するのです。

お元気で。時折の便り忘れ給うな。

また会いましょう。

三月十日

流石に寄せて

一九八三（昭和58）年「流石」


わがゼミナール機関誌の「流石」がまた刊行されるとのことである。

本誌創刊のころ何時まで保つかと懸念されたけれども、着々と刊を重ねて、今度は計何号になるのか私は知らない。

ともかくお目出たい話であり、その間編集発行の労をとられたゼミ員諸兄姉に心からお礼を申しあげたい。

ゼミも間もなく第二十期生を迎えるとのこと。短かからぬこの期間、日吉や三田に集い散じた若い友人達の顔と名前、その喜びと悲しみを巻末の名簿に思い起こす。

諸兄姉の御自愛を切に祈ります。

当方目下倖いにして無事。

末筆ながら「みなと会」の会費納入をお忘れなく。

七月吉日

草々

ゼミナール聴講制度の意味
――ゼミナールのあるべき姿を求めて

一九八九（平成元）年「流石」

(1)ゼミナールは開放的であるべきこと
ゼミは創造的研究の場として、参加者の個性、自発性、創造性を不可欠とす。

自発性・創造性の有無は、各人の発展・成長段階の区々個別なるにより、機械的一律に判定しえず。

入ゼミテストは、判定の一手段として能率的公平な手段であるが、なおそれ自体として限界ある一手段でしかない。

ゼミ参加者として適当な人材は、常に求められるべし。

現在の大学入試の多様性を見よ。

当ゼミは従来この趣旨から、ゼミ活動は常にオープンであることを貫いてきた。

例、学部学科を問わず、他大学の在学生もゼミに参加せり。

政治・経済・一ツ橋学生etcの実例あり。これらの参加者に対する従来のゼミ員の指導・協力は特筆すべきものあり。敬意を払っている。

この点は、現在も大学院在学者の参加、日吉学生の参加等に現れている。

この伝統は守られるべきものと信じる。

ゼミ参加は、いかなる面でも閉鎖的であってはならない。

(2)ゼミと単位取得

前述のごとく、ゼミ活動は、教師・学生の個性、自発性に基づく創造的営為であるから、各ゼミは各ゼミの個性があるもので、これを形式的に制度化することは無理がある。

他の一般授業、講義、演習と異なり、これに、一律に単位を認めることも不合理であるし、カリキュラム上で履修を強制すべきものでもない。

求めるゼミがなければ入る必要もないし、無理に肌の合わぬゼミに入ることは無意味なり。

体育会活動が単位にならぬと同様に、ゼミも単位を認めるべきでない。

この意味で現行カリキュラムは不合理である。

ゼミをカリキュラムから完全にはずすことにより、ゼミはより明確な性質を示す。

安易なる単位取得のため、あるいは推薦状取得のため等の動機がなくなれば、ゼミ員の数も自ずから限定される。

また、ゼミ所属は一ゼミに限るのも不合理で、一人の学生が数ゼミに在籍することも許されるべきである。

この点も現行カリキュラムは不備なり。

(3)四年生入ゼミの問題
現行制度上は、ゼミは三年、四年各年度に配置され、そのゼミ入会方法は限定されていない。

各ゼミは独自の方法を採用できるし、このことは各ゼミの活動の独自的創造性を確保するために当然なり。

従来当ゼミにおいて三年生の聴講生を四年時に正規ゼミ員として採用したことも、当ゼミ独自の方法であるし、それなりの合理性があると考えられる。

理由
a　現行の三年入ゼミ方法(論文、面接)は一つの手段であり、他の手段を全く排斥する合理性なし。

b　聴講中の学習態度、対人関係よりして、ゼミ参加に適切か否かはより正確に判断できる。

c　ゼミの参加は本来、いつ、どの段階でも認められるべきで、四年生はその最後の機会となる。

d　従来の四年ゼミを卒論ゼミでなくしたねらいは、実質的ゼミ活動を重視し、論文という形式を廃したことにある。

このことが三、四年ゼミを一貫して閉鎖的なものとしたならば、再考すべきである。

(4)現行入ゼミ方法の意味
現行の入ゼミ方法は、これも当ゼミ伝統のやり方でゼミ員が入ゼミ者を選抜する。
そのねらいは、
a ゼミ員が自分の責任でゼミ後継者を発見、探索すること。
b 入ゼミの選抜がいかに困難であり、そして限界があるかを知ること。
c みずから人を選ぶことにより、選ばれる方法を習得すること、etcにあり。
aの責任を実感することは大切だが、bの認識を失ってはならない。
そしてより大事なことは、ゼミは本来いかにあるべきか。
何のためにゼミ員を選ぶのか、というゼミの基本的存在理由を知ることである。

一九九〇(平成2)年「流石」

ゼミとヒコーキ

ゼミナールに、企画委員という役職がある。

その任務は、ゼミ活動の年間諸行事を企画立案して、実施することである。

春の新歓コンパに始まり、浅草散策のコース選定やらソフトボール大会やら合宿計画やら、四年生追い出しコンパまで、一年中何かと忙しい。

その企画委員が、新企画として昨年からヒコーキ大会を始めた。

これは多年にわたる私の模型ヒコーキの研究成果に敬意を表するという名目であるが、その実は出不精でゼミ員につき合いの悪い教師を、ゼミ活動になんとか引っ張り出そうという魂胆が見えみえの計画である。

わかってはいるけれども、日吉の校庭でヒコーキが飛んでいるということになると、やはり気になって、家にこもっているわけには行かない。

私はうまく釣り出され、企画は見事に成功することになる。

過去二回の大会を回顧すると、ゼミ員諸兄姉の作ったヒコーキは予想外によく飛ぶ。

私の小学校時代は戦争中のことで、ヒコーキを上手に作らないと、工作の点がもらえなかったものであるが、このような無理な強制のない新世代の作品は、まことに自由であり伸びやかであり勝手である。

滞空時間の記録をとってみたところ、昨年も今年も一位は女子学生であった。

従来の経験より、女性とヒコーキとは縁がないものと勝手にきめこんでいた私は、大いに反省させられた次第である。

ついでに、飛ばないヒコーキを作った男子学生にも、猛省をうながすつもりである。

勧進帳

一九九一（平成3）年　私信

郷里福島で長年開業していた老弁護士に聞いた話であるが、開廷間際の裁判所で、当日担当する事件の一件書類と他の事件書類とをまちがえて持参したことに気がつくことが、間々あるという。弁護士先生は、その時すこしも騒がずに、なにかもっともらしい理由を申し立てて、期日延期を申請するそうである。

私自身は裁判実務の経験はないけれども、教師生活のうえで、それに似たような体験がないわけではない。授業時間直前にあたふたと学校の門をくぐり、教壇のうえで鞄をひらくと、別の講義のノートがでてきて愕然とする。さてこの場合をいかに処理するか。

法学部の大先輩K先生は、名高い契約法の専門学者として今日伝説的存在であるが、その先生が一日講義ノートを忘れてこられたそうである。先生はその時、今日は講義ノートを忘れてきたから、講義はしない、と断られて、さっさと帰られたという。教室に集まっていた当時の学生たちは、あの大学者がノートを忘れたからといって講義されなかった事実の重みに、一同感に耐えたそうである。もっとも、いつの時代の学生にとっても、どんなすばらしい講義より、突然の休講は嬉しいものではあるけれども。

教わった先生によって、講義のスタイルは様々で、皆が皆K先生のようにノートを中心に講義されるわけではない。御自分のかかれた教科書を、一字一句そのまま読みあげられる先生もおられたし、六法全書一冊だけで明快に講義された方もあった。先輩教授のお話によれば、商法や信託法の分野で有名な大先輩のA先生は、弁護士も兼ねておられて、公判期日の休講が多かったそうであるが、講義のある日は、まったくの素手で六法全書ももたずに教壇に立たれ、複雑難解な手形法の講義を立て板に水のように進められたという。受講されていた私の恩師（当時学生）が、後で講義中に先生の挙げられた手形法・商法・民法の条文をいちいち確かめてみられたところ、すべて正確に当たっていたそうである。

長く教壇にたっていると、人ごとに講義の進め方はおのずから決まってくるものであるが、問題は、ノートを忘れるような突発的事件の対応である。私の場合に、教壇のうえでとっさに思い出したのは、授業をせずに帰られたK先生の故事であった。しかしまた、考えるに、これは大学者のK先生なればこそお出来になることで、人も感銘するけれども、私が真似てもあまり感動的にならないであろう。逆にここは一番、A先生の顰みに倣い、いっそ手放し運転でいってみようかと決断した。慣れぬことをした結果として、それから終業時のベルがなるまでの九十分は、私の教師生活において、もっとも長い九十分となった。その日の帰途、私は安宅の関所を漸く通り越した弁慶のように、疲労困憊した。

当日読み上げた勧進帳の効能は、まだ誰からも聞いていないが、休講の掲示ほど学生諸君を感動させなかったことは確かである。ひょっとしたら、先師K先生も、お若い時分に教室で勧進帳を読まれたことがあったのかも知れないと、いささか不遜なことを考えた。

平成3・12・1　　内池　慶四郎

私信

一九九一（平成3）年「流石」

拝啓　お変りありませんか。この頃都に流行る物……というわけでもありませんが、小生近頃ワープロの機械に凝って居ます。

六十の手習いと笑う向きもあり、西蔵土の農夫が電気洗濯機を回している様だと嘲る友人の声も聞こえますけれども、相手にしません。生来の悪筆のために、今まで随分と人様に迷惑をかけ、自分でも恥ずかしい思いをして参りましたので（過去三十年にわたり黒板の上に恥を書いて来たのですが、学生諸君もよく我慢してくれたものです＝社中協力？）、文明の利器は有り難いものであります。

印刷の仕上がりはわれながら惚れ惚れするほどです。

連日連夜ワープロの訓練に励みました。

成果は日進月歩、誠に著しく、以て人を驚かすに足ります。そこで実地練習の材料として授業の実益もかね、民法の講義ノートをワープロで整理してみました。

従来用いてきたノートは、年を経た古衣にも似て、紙は黄ばみ表紙は千切れ、中身といえば書き込みに書き込みが重なって、書いた本人が読み取れない有様です。

あたかも田舎の温泉旅館が、無理な増改築を重ねて、どこが出入り口やら勝手やら、とんと分からぬような具合であります。

これでは到底ノートの役に立ちませんし、十年一日の古ノートを取り出して教壇に立つのも気がひけることですので、断然新しいノートに切り替える決意をかためたわけです。

その結果、ノートの整理と頭の整理とは別の問題であることが判明いたした次第です。結局未完成にして投げ遣り、言いたい放題、うっちゃらかしの講義ノートでしかありません。その完成は、プロ野球某球団のリーグ優勝の可能性のごとく、今世紀中はまず無理かと思われます。

話は跳びますが、小生の用いて居るワープロの機械は、値段の高いわりに阿呆です。

例えば「猫に餌をやった」と書くつもりが「猫煮えた」と返事をしたり、「慶四郎」という立派な名前が「軽視蠟」となるのです。

衆議院議員を「しゅうぎえんぎえん」などと訛ってキーを打ち込むと、「祝儀演技円」と答えます。言葉の多義性は、実に恐るべきものがあります。ちなみに客観的表示説は、煮えた猫をどうするつもりなのか、他人事ながら心配になります。東北人や名古屋の人が安心して使えるワープロは、何時になったら出来るのでありましょうか。こうなると、多少の悪筆やちょっとした訛り（お前のは多少とかちょっとした程度ではない、かなりなものだ、とは勝手な評者の独自の偏見であり採るに足りません）と鮮明な印刷と、そのどちらに軍配を挙げるか、小生は新しい課題に直面せざるを得ないのです。

※余談ながら、言葉の正確な表現はまことに難しく、僅かな書き違いが途方もない意味を持ち込みます。勝手に悩めというなかれ、これは言語表現の永遠の問題と思われます。

小生かつて某先生の追悼記の末尾に「ひとつの優しい影が三田山上から消えた」と書いたところ、

「二つの優しい影」と印刷されて、頭を抱えました。
「二つの影」が消えた日には、坂田山心中か、ドッペルゲンガーか、はてはドリアングレーの肖像か、なんとも只ならぬ話で、穏やかではありません。
校正怖るべし。

―寒くさびしい古庭に
二人の恋人通りけり
恋人去りし古庭に怪しや
昔をかたるもののかげ―

道行　ヴェルレェヌ　永井荷風訳

ともあれ気候不順の折から　ご自愛を心よりお祈り申し上げます。

某月某日

一九九二（平成4）年「流石」

流石に寄せて

昭和七年に生まれた小生の還暦を記念して、今回私達の伝統ある（?）ゼミナール機関誌「流石」の特別号を刊行するとの話である。

人生五十年というから、六十歳ともなれば十年は既に付録のようなものであるし、今後は付録に付録を重ねて暮らすことになりそうである。

余談ながら、子供の頃に愛読した「少年倶楽部」という雑誌は、戦前に時々特別増刊号というのを出したが、その付録は本体より数倍大きなものがあって、その付録が欲しいばかりに、親にねだって買ってもらった記憶がある。

もっとも人間の余生が本体を越える心配はまずないから、ご安心を乞う。

ただし油断はできないので、この「流石」という小冊子も、ゼミ一期生の水藤君や中田君らが初めて作った頃には、どうせ二、三号で消えるであろうと思っていたら、年々隆盛で今日現在まで続いてきたのであるから、人生一寸先は闇というべきか（因に戦争直後に、いわゆる「かすとり雑誌」といわれる怪しげな雑誌が流行したことがあるが、これは発刊後、二、三号で廃刊になるような短命な出版物のことで、当時の粗悪な「かすとり焼酎」が二、三合飲めば、悪酔いした飲み手が酔い潰れることに引っ掛けた駄洒落であった。

もとよりわが「流石」は、創刊当初より内容は高尚にして典雅であり学問の香り高い好書物であって、世の「かすとり雑誌」とは違うけれども、これが今まで連綿と続くとは、誰も予想しなかったのである）。

ともかく、この雑誌に象徴される私達の爛漫たるゼミナール活動が、様々な出来事のあった難しい時代を通して、あの浅草の観音堂のように堂々と、かつは牛の涎のように延々と続いてきたことは、おめでたいことに違いない。

小生の還暦のような私事は別として、ここに心よりお慶び申し上げる次第である。
皆さんおめでとう。

還暦祝賀につき御礼

一九九二（平成4）年　私信

拝啓

過日浅草はビュウ・ホテルに於て開催されましたゼミナールOB会に際し、小生の馬齢六十才を重ねたことのご祝賀を賜り、まことに恐縮致しました。席上OB某君のご挨拶にあった如く、何ら現世のご利益なく、来世のご利益もまた期待出来兼ねる一介の老書生に対して、過分の御ねぎらいを戴き、不景気な年末かつ窮屈な御財布にもかかわらず、数々の御宝を賜りましたこと、家内共々厚く御礼申し上げる次第でございます。

今後ますます精進して、世の役に立たぬ学問に励み、赤い胴着をつけて専ら身を慎み、飛ばない模型飛行機を飛ばして虚空に夢を馳せ、巨大なテレビのスクリーンを通じて、世界や世間のことを勉強致し、もってやがては、気品の泉源かつ知徳の模範となり得るよう鋭意心がけますので、なにとぞ過分のご期待なく、御待ち下さいませ。

急ぎ御礼のみ申し上げます。寒気次第に募る折からご健康とご活躍を御祈り申し上げます。

平成四年十二月九日

敬具

内池　慶四郎

匡子

末筆ながら、ご多幸な新年をお祈り申し上げます。

一九九二（平成4）年　私信

わーぷろ症候群

またか、と苦い顔をなさっては、いけません。

春先の気違いに刃物を持たせると、こういうことになります。

ペンは剣よりも強いので、ますます厄介です。わーぷろには、どうも人を狂気に導くものがあるようで、下手な自動車よりも危険かもしれません。教師がワープロで変な文章を物し、やたらに周辺を悩ますことは、法律家の目から見て、業務上過失傷害罪に該当する虞なしとしませんが、現行法では、精神異常者を処罰することはできないので、安心しております。社中協力の一環として、慶應病院の神経科のお医者を喜ばせる近代病の一症例を提供し、学位取得者の増大に、ささやかな貢献をいたす程度でありましょう。なにしろあそこは、新しい病気には、目のない大学病院でありますから……

この病気の特徴は、やたらに文章を弄り回して、止めどがない点にあります。手書きの原稿を出版社に渡すと、悪筆難読の原稿に手を焼く校正係りや、奇妙な活字を拾わされる植字工の渋い顔が目に浮かび、ついついゲラ刷りに手を入れるのを遠慮してしまいます。その点わーぷろは、気楽なもので、無限の手直しが可能であり、読まされる方が迷惑するだけであります。無理に読ませた後で、訂正する楽しみもあります。やめられませんね。

学校を辞めるまでに、わーぷろの腕をみがき、変な雑文を売るのと、かねてより念願の模型飛行機屋を墨堤の畔に開業するのと、どちらがお金になるのか、悩んでいる今日この頃であります。家の者は、どちらもはなから馬鹿にしております。芸術家と預言者とは、故郷に容れられることなしとか。

気候不順の折から、ご自愛のほど、お祈り申し上げます。

平成四年　残酷な四月

新学期開始に胸ふたぎつつ

内池　慶四郎　敬白

なぜ時効か
――ヘルダーの弁明

一九九二（平成4）年　私信

随分と以前に、なぜ時効を研究するのかと人に聞かれて、はなはだ困惑した。民法の分野には、面白い問題や重要な問題が山ほどあるのに、なぜ時効のように、妙な、片隅の主題を選んだのか、というのである。その時も答えることは出来なかったし、今でもうまい答は見つかっていない。一隅を照らして世を救うほどの気概は、初めから持ち合わせていないので、そこに山があったから登ってみたとか、蓼食う虫も好き好きとでもいって、遁げるほかはない。こういうのは、痛い質問（peinliche Frage）である。

質問をかえて、それでは研究の結果として、なにか面白いことがあったか、と聞かれても、自信のある答は出てこない。どのような方面でも、その道何十年という名人上手はいるもので、一筋に打ち込んだ人だけが会得し、他人にも伝授できるような何かがあるものと思うけれども、自らを省みて、そのようなものも残念ながらまだ見当たらない。この問いも、現在のところ、依然として解答不可能であり、将来もまた解答出来る見込みは当分なさそうである。それゆえに、聞かれても困ります。

エドアルト・ヘルダー（Eduard Hölder）は、前世紀末から今世紀初頭にかけて、請求権、抗弁権、時効などについて、詳細緻密な研究を残したドイツの私法学者である。そのヘルダーが、一八九六年、当時進行していたドイツ民法典編纂作業における時効法の規定を批判する中で、次のように書いている。「時効は、習俗や学問の所産ではなく、立法の所産である。そして、本来ならば、生活と学問との自由な進歩にまかせるべき領域において、時効ほど、不公平と侵害という二重の危険をもたらす法制度はない。それ故に、時効は法律学の真摯な研究の対象として格別にふさわしい。」(Normierung der Verjährung im Entwurfe BGB, 217)

ヘルダーの弁明は、もっともだとは思うけれども、なにか開き直って答えているような気がしないでもない。大学者のヘルダーも、なぜ時効をやるのかと、何処かで誰かに聞かれて弱った経験があったのかもしれない。

洋の東西をとわず、時効は「継子あつかい」(stiefmütterliche Behandlung)にされている問題のようである。何故なのか。そこのところが、いま一つよく分からない。

多くの民法学者が、そして私に痛い質問を向けた相手も、時効が、片隅のごく小さな問題でしかない、という点では一致しているようである。

de minimis lex non curat(法は些細な事に関わらず)。私自身も、その認識に、別段の異議を唱える気はない。ただ、小さな問題、人の普段余り気に留めない問題は、取り上げる意味のない問題なのだろうか、そこが些か気になる。

古生物学者のグールドが、彼の随筆の中で、生物学研究の面白さは、ありふれた、日常的な、ごく小さな対象の中に、大きな意味を発見することだ、と書いている(ニワトリの歯・上・164)。畑違いの学者の言葉だが、経験的に、何かわかるような気がする。

いささか変な比喩であるが、ひとりの恋人を発見するために、全世界を旅行して回る人もいれば、自分の恋人の目の中に、全世界を見る人もいるであろう。男もいろいろ、女もいろいろ、人様ざまといってもよさそうである。

ただし、前の例は、そもそも恋人を見つける前の話だし、後の例は、恋人を見つけた後の話であるから、事情が違うので、答になっていないと、反論される危険はある。恋愛の話は、些か微妙なところがあり、恋をしたことのない朴念仁に、いくら説明したところで、馬の耳に念仏、酒の飲めない男に、銘酒の講釈をするようなものである。観念的な恋人と、現実具体的な恋人とは、抽象法と具体法、あるいは法の解釈と具体的裁判判決ほどに存在の次元を異にする。—話が脱線したので、軌道を修正する—

それはそれとして、目の前のごく小さな問題ほどに、具体的に、考えをまとめ、思考を進める手がかりがあることは確かで、その積み重ねのうちに、何か統一した法則がおぼろに見えてくる時の、楽しさは独特のものである。飲み屋の付けは、一年で時効にかかるが、その一年の過ぎる最後の日と、満一年の最初の日と、どこが違うのか。

近くて遠きは晦日の朔（清少納言）。時光は空くわたらず、人は空くわたる（道元）。

小さな問題が、意外と馬鹿にならない。その小さな問題は、誰の足下にも転がっているから、旅行嫌いの私が、綱島の寓居から、大きな鞄を引きずって、世界旅行に出かける必要もない。結局は、無精者の言い訳になってしまいましたが、こんなことで、小さな問題の存在理由についての、ささやかな弁明になりますかどうか……

平成4・4・8

学者における髭の効用について

一九九三（平成5）年「流石」


子供のころに、人の顔について話してはならないと教えられた。髭は顔の一部分である。それ故に髭について話すことは良いことではない。

因みに日本国憲法は、個人の尊厳と表現の自由とを、基本的人権として保障している（第一三条、第二一条参照）。髭はそれをはやす人の尊厳を表現するものであるから、これを侵すことは基本的人権の侵害であり、国家権力を以てするも許されないことである。

それを承知した上であえて以下に髭の効用について客観的な考察を進めようと思う。

学問研究の自由は、守られなければならない（第二三条）。

I教授は神田で生まれたちゃきちゃきの江戸っ子の紳士である。

髭のない好男子としてフランスに留学した彼が、立派な髭を立てて帰ってきた。

遣欧使節として欧州から帰朝した大久保利通のような顔であった。

会う度に気になったけれども、ご本人はもっと気にしているに違いないから知らん顔をしていたら、いつの間にかこちらの方も慣れてしまい、髭のない以前の顔を思い出せなくなってしまった。

ある日彼が髭をそり落として出てきたら、こちらが仰天するであろう。

明治時代の偉人についてみても、髭のない伊藤博文とか東郷元帥や乃木大将は考えるのが困難である。

もっとも明治の元勲でも西郷隆盛や木戸孝允には髭がない（木戸は勤皇の志士の時分に京の名妓幾

松が惚れたほどの美男である)。

福澤先生も立派な顔であるが髭がない。

子供のころから大学を出るまで、数多くの先生に教わってきたが、髭をはやした先生はおられなかった。

ただし大学の先生の先生である神戸寅次郎博士は、鼻下にオットセイのような髭を蓄えておられる。

私の父祖も大学教授であったがこれと似た髭を立てていた。

つれづれなるままに教授会の席を見渡すと、結構いろいろな髭があって飽きない。

百花繚乱とまでは行かないが、十花繚乱くらいの趣はある。

チェ・ゲバラあるいはレオン・トロツキー型の革命的髭、マクス・ウェーバー調の学術的髭、眠そうな天神さま、くたびれたお公家さん風の上品な髭等々が妍を競っている。

学者における髭の効用は何か。これが問題である。

髭のない私が髭の効用について語ることは、立論がおのずから人種的偏見に捉われる危険があり、いささか気が引ける。

しかし髭を立てた人が髭を論じても同じことであるから気にする必要はない。

そんなことを言ったら男が女について、女が男について語る機会は永久になくなる。

要は客観的にして冷静かつ沈着に考察を進めることにある。

ただしこれは口で言うほど簡単ではない。

誰それの髭の顔が頭に浮かぶからである。それを無理に消去して考える。

およそ髭のない猫の顔はさまにならない。

髭がなくとも馬は走るが、髭を切られた猫は方向感覚を失い鼠を捕れなくなる。

髭は猫の活動のレーダーであり、情報収集のアンテナでもある。

鼠を捕る猫は、白い猫でも黒い猫でも良い猫である（鄧小平）。

学者はその多くが夜行性であり猫族に属する（まれには朝型の馬のような人もいるが原則には常に例外がある）。

ぴんと張った髭の震える繊毛の先から、髭の学者は森羅万象の送る複雑微妙な信号や情報を捕捉しているのかも知れない。

そうすると髭の無い学者は鼠を捕れないか？

髭の無い学者が講義に夢中になって教壇から落ちた実例もある。

アンテナがうまく利かなかったのであろう。

私も髭を立てて、一度実験してみる価値がありそうに思われる。

家の者や教室の学生がどんな顔をするかそれは分からない。

学者における髭の効用は、今のところ単なる問題提起に止まる未解決の課題である。

今後の活発な議論の展開を期待したい。

方面識者各位の賢明かつ懇切なご教示を賜れば幸いである。

福澤賞受賞のご挨拶

一九九三（平成5）年

この度思いがけず福澤賞を頂くことになりました。学生時代から数多くの恩師や先輩に育てられた慶應義塾から、自分のささやかな仕事を褒めて頂けることは、なによりも嬉しいことで、誠に光栄に存じて居ります。毎年全塾の先輩や同僚の優れた業績が次々に公表され、義塾の学問を重からしめています時に、受賞の名誉を頂戴いたしたことは、たまたま私の運が良かったというほかはありません。心から御礼申し上げます。

これまで仕事を進めて参ります間に、歴史の場面でも、法解釈の問題についても、義塾の多くの先学の果たしてこられたお仕事が、常に導きの星となりました。義塾で勉強を続けることの出来ました幸運を実感して居ります。しかしながら道半ばに日が暮れようとして、今まで無為に過ごした時間の長さと、前途の遠さを感ずるばかりであります。

慣例として受賞対象となった研究内容について、なにか話をせよとのことで御座いますが、長い間取り組んで参りました自分の仕事を簡単に纏めてお話するというのは、随分と難しいことで、仕事自体が当然に未完成のものでありますので、どうお話したものやら、今も迷って居る次第で御座います。それでここでは私が何故時効という法律制度を研究の主題といたしたか、今現在この問題にどのような興味を持って居るのか、といったことをお話致して、此場はお許し願いたいと思います。

元来私が時効を勉強いたした発端となりましたのは、昭和三十一二年ごろ、大学院の修士論文のテーマになにを選んだものか迷いまして、恩師の今泉孝太郎先生にご相談いたしました。先生はちょいとお考えになられて、なんでも良いんだけれど、時効でもやって見るか、とおっしゃいまして、私の方も、ええ、それじゃ時効でもやって見ましょう、ということで時効というテーマが決まりました。師弟ともども、かなりいいかげんというか、気楽な話で御座いました。まことにのんびりとした、いい時代でございました。

これが論文というものを生まれて始めて書きました最初のテーマで、時効の問題に躓く最初のきっかけとなりました。それ以来四十年近くずっと、躓きっぱなしで今日に及んで居ります。まことに人生一歩先は闇と申す他はありません。その時になにやら無我夢中で無理やりに書き上げて先生に提出した論文が、自分としてはどうも納得がゆかなかった。その先に一歩進めば、なにかもっと本当の物がもっとはっきりと見えて参るような気がした。その未練が、自分を慶應義塾から卒業させなかった。そんな気持ちが致します。今考えても中途半端な未熟な修士論文を、先生は勘弁して受け取って下さいましたが、もしあの時に私が自分でも納得の行く立派なものを書いておれば、私は勇んで慶應義塾を卒業致すことが出来、国に帰り家業を継いで親孝行ができたのではないか、と思って居ります。

最初の論文にも書いたことでありますが、時効という制度は古くから大抵の国にあり、誰でも知っているごくポピュラーな制度でありながら、その制度の存立の理由が不可解な制度であります。民事にも刑事にもありますが、私がやっている民事責任の時効について申しますと、十年なり五年なり時が経つと借金が消える、或は他人の物が自分の物になってしまうというのは、どうもおかしい、ずいぶんと奇妙な制度に違いない。

権利が権利として社会に認められている以上は、多少の時間が経ったからといって錆び付いたり亡くなったりするはずがない。これを消してしまうことは社会の存立の基礎を崩すことになる。その反面、もしも時効がないとすれば、限りある時間のなかで生活を営んでいるわれわれの社会は、ずいぶんと窮屈で不自由なものでありましょう。杓子定規に人間を縛りつけてしまう厳格な法律は、我々の生活の土台を揺るがしてしまうことになりましょう。そうすると時効には、これが人間の社会のなかで要求される特別の理由があるはずで、しかもそれが法制度として確立しているならば、法制度としての時効を支える特別の正義がなければならない。このような素朴な原理上の疑問が、私の仕事の出発点であり、現在もなお答を捜して暗中模索している途中であります。

私事でありますが、過日漸く出来上がった書物を、恩師にお届けして参りました。提出期限を過ぎて出し損なった卒業論文を提出する学生のような気持ちで御座いました。返済期限を過ぎた借金をおそるおそる持参するような気分が致しました。先生より学生時代に頂いた時効の基本的問題は、まだ答が見つかって居りません。死ぬ迄払い切れぬ学問の借金がまだ残って居ります。時効は、このような無力な人間に許しを与える慈悲の制度でありましょうか。ご清聴有り難う御座いました。

平成五年十一月十七日　内池　慶四郎

一寸法師

一九九四（平成6）年「流石」

国際政治論のU先生は、敬虔なクリスチャンである。生真面目な先生が、入学試験の面接で受験に来た学生に厳かに尋ねられた。

「あなたは小さい時に大きな病気をしたことがありますか？」U先生のお傍に面接補助員として控えていた私は、不謹慎ながらお腹の皮が捩れた。

小さい時の大きな病気と聞いた途端に、小さな体に大きな望み、京へ遥々登り行く一寸法師を思い出したからである。

子供のころ買ってもらった講談社の絵本に、お椀の舟に箸の櫂を持った小さな可愛い一寸法師の絵が載っていた。もっとも聞かれた学生は、病気とはまず縁のなさそうな弁慶のような大男であった。いたずらに言葉を弄ぶのは良い趣味ではないが、偶然の語呂合わせには往々面白いものがある。文芸大作必ずしも傑作とは限らず、小品の佳作があるように、小さい問題の中に大きな意味が含まれていることもあるだろう。

一時世間の耳目を惹いた大事件も数年過ぎてしまえば誰も思い出せないような例は少なくない。起こった時にさほどとも思わなかった出来事が、後で振り返れば、時代を動かす大変動の発端であったということもよくある話である。

助手時代からやって来た時効の問題も、隅っこにある小さな問題である。この問題が将来の時代を動かす大問題になるという保証は何処にもないし、まずそんな心配もなさそうであるが、これが学界の中心課題でないことは確かである。

なぜ時効などやるのかと人に聞かれて弱った覚えがあるが、いまだに答が出て来ない。

小さい問題だから与し易しと勝手に決めてかかったわけでもない。

大学院の学生であった時分に、論文のテーマがなかなか決まらない。

恩師の今泉孝太郎先生にご相談したら、時効でもやってみるかとおっしゃられて、ええ時効でもやってみましょうとお答えしたのがその発端であるから師弟共々かなりいい加減なものである。

それが躓きの石となり未だに躓きっ放しである。

人間一寸先は闇という教訓的なお話。

因に「面白くて為になる講談社の絵本」が当時の広告の謳い文句であった。

ゼミナール創設三十周年記念の挨拶

一九九五（平成7）年「流石」


久しぶりにゼミOB・OGの皆さんとお目にかかって大変に愉快です。

久しぶりに皆さんを相手に、何か授業のようなことをせよ、というご注文を受けて、大いに閉口しております。

そちらは学校を出て何年も経ってから三田の山に来て、懐かしいでしょう。昔の仲間と旧交を温めて楽しいでしょう。

諸君は学生時代を思い出して授業に出て、試験の心配もなく講義を聴くのは面白いかも知れませんが、こちらは昭和三十年に大学を出てから、今までずっとここに居る。

同じことを十年一日繰り返してしゃべっているので、ちっとも珍しくもなく面白くもない。

卒業生相手では試験で脅かす楽しみもない。従って今日は法律の授業は致しません。

せっかくおいでになられたのであるから、その代わりに、取りとめのないことを申し上げましょう。

私の学生時代のことを申しますと、授業の間に沢山の先生の講義を拝聴して、大学の先生というのは、教壇の上で九十分の長い時間を、よく話す種があるものだと感心した覚えがあります。

あれだけ熱心に講義しておられるのだから、先生方は、随分と学問がお好きなのであろう。勉強が好きなのであろう。

そうでもなければあれだけ長い時間を、壇の上で、難しい独り言をいって居られる訳がない、そう思いました。

ところが自分が学校の教師になって、もう四十年近く教壇の上で、おしゃべりを続けて参った訳です。

それで自分が教師として、なにが好きでこれまでやって来たのかと考えるにどうも学問がそれほど面白かった訳ではない。

学問より面白い物は世の中に沢山あります。勉強は学生時代から決して好きではなかった。

試験は特に大嫌いでありました。苦労して大学まで来て、その上に頼まれもせずに、司法試験を受けるなんぞは、考えたこともなかった。

じゃあ何が楽しかったと申せば、学校がすんで、家に帰る時が、実に楽しかった。休みが嬉しかった。特に夏休みや冬休みが来る直前が、例えようもなく嬉しい。

神田や本郷の本屋を回って、休みの間に読みたい本を山のように買い込む。ぎっしりと本を詰めた鞄を抱えて郷里に帰る。

どうせ休みになるとせっかく買った本は殆ど読まずに、野球やらテニスやら、模型飛行機を飛ばすやら、ギターを弾くやら忙しくて、あっと言う間に時間が過ぎるけれど、ともかくも休みの始まる前の嬉しさといったらない。

この学校から帰る時の楽しさ、休みの前の嬉しさ、これはこの四十年満喫できた。

ほかの真面目な先生方は、きっと違うでしょうけれども、私にとって教師暮らしは、この学生時代の延長連続でありました。

教師になった今でも、学校に来る時は気が重い。

授業をすまして帰る時は、いつもルンルンと舞い上がった気分であります。この帰る時の気分が味わいたいために、学校に通っているようなものであります。

シェイクスピアの「ロメオとジュリエット」のなかに、恋人に会いに行く気持ちは、子供が学校から帰って行く時のようで、恋人から別れて帰るときは、学校へ行くような気持ちだという科白がありますが、まことに至言であります。

いくら楽しくても、四十年近く学校に通っていると飽きて参ります。

どうも学校というところは、人生のある時期を過ごすのに良いところには違いないが、あまり長く住まう場所ではないようであります。

この点において、さっさと卒業されたゼミの諸君は、賢明であられたのかも知れない。私は何かの拍子に、道を失ってまごまごしているうちに、出口を見失って今日まで来てしまったような気持ちも致します。

近頃発見された「トマス」聖書という書物があって、その中に今まで知られなかったイエスキリストの言葉が載っております。

その中の一節に、人生は橋のようなものである。人は橋の上を過ぎて行くものであって、橋の上に家を建ててはならない、という言葉があるそうです。

おそらくは、人間の魂の救いが大事なことで、世の中の現実の暮らしに執着してはならぬ、ということでしょうけれども、面白い言葉だと思います。

福澤先生の言葉にも、戯去・戯来という言葉がある。

私たちの慶應義塾も、戯去・戯来、その上を皆が楽しく渡って通り過ぎて行く人生の橋のようなものかもしれません。

諸君と浅草へいった時に、水上バスでくぐっていった吾妻橋や永代橋のように、橋は美しく、大事なものでありますが、橋の上でいつまでもボンヤリと考え込んでいたり、寝転がっていては、交通渋滞を来し、人の迷惑にもなる。

学生は学則があって、裏表合計八年以上経つと、自動的に退学処分となる。教職員には、こんな便利な制度がない。

ただ有り難いことに、慶應義塾には六十五歳の定年制度がある。もう一寸我慢しますと、長い長い休みが参ります。

この休みの間に何を読もうかと、今から考えて居りました。

そしたらOBの諸君が、この度私に永井荷風の全集を買ってくださるそうで、誠に有り難い。こんな有り難い贈り物はありません。本当に有り難う。

本の話がでたついでに、少々かた苦しい話を、私の書いた本の話を致します。

どうせ売れないだろうと私も思い、本屋も諦めていたところ、皆さんが無理をして買ってくれたお陰でしょうが、意外と予想に反して……といってもたかが知れているけれど……思ったよりも部数が出たそうであります。

自分の本が売れたということは、著者として嬉しいことであります。

もとより出版した本屋が喜んで居ります。

この本を書いた時の事情を、一寸申し上げます。

この本を書いた時期は、私が大病をして慶應病院に入院していた時でありました。

もしも私が元気でピンピンしておったならば、きっと本を書く暇はなかったろうと思う。

病気が私に書かせたようなものであります。

さて今は幸いに病気ではありませんけれど、次に出す本の準備をして居ります。

ある人が、晩年のチャップリンにあって、あなたの作ってきた映画の中で、どれが最高の傑作かと尋ねたそうであります。

チャップリンは、この質問に答えて、この次に自分が作る作品が最高の作品だ、と答えたという話です。

このチャップリンに倣って、私も皆さんに申し上げたい。

この次に出す本が傑作であります。

「神戸寅次郎・民法講義」という本で、これは凄い本です。

間違いなく素晴らしい内容ですが、間違いなく売れない本です。

神戸先生が大正十二年頃に慶應で講義された民法の授業を、当時学生の津田利治先生が丁寧にノートされた。

それを少々解説をつけて、津田先生と私が出します。

これは慶應の民法学が到達した理論の絶頂といってよろしいと思います。

売り切れる恐れは決してないから、皆に買って頂きたいと思う。

中身は読めなくてもよろしい。

床の間か応接間に飾りなさい。

持っているだけで、諸君の学識と人格を保証し、重代の家宝になります。

是非お買いなさい。法学研究会叢書の一冊として、慶應通信社から来年の今頃には出版されているはずです。

値段がいくらになるかは、まだ分からない。

私がなぜ今頃になってこんな本を出すのか、ということを申し上げたい。

あの万有引力で有名なニュートンの言葉として、「もしも私に遠くが見えたとすれば、それは巨人の肩の上に乗って見えたのです。」という有名な言葉が伝えられています。

つまり科学上の大発見をした学者としてのニュートンが、自分の前に研究を重ねていた、自分の先行者の足跡を追って、その偉大な仕事のお陰で、自分の仕事が出来たことを、巨人の肩車に乗って遠くが見えた、という比喩を用いているわけです。

元来この巨人の肩の上から遠くを見るという言葉は、ニュートンの発明ではなく、西洋の中世以来の古い言葉のようです。

そのことを示す古いステンドグラスを、私はフランスへ旅行した時に、シャルトルにある大きな古い寺院のステンドグラスで見たことがあります。

それは新約聖書をつたえたキリストの四人の使徒、すなわちマタイ・マルコ・ルカ・ヨハネの四人が、旧約聖書に出てくる四人の預言者の肩車に乗せられている不思議なステンドグラスでした。

私のような不勉強な書生が、四十年近く慶應の教師を勤めてこれたのは、自分の前に民法の学問を積み重ねて来られた多くの学問の巨人の肩車に乗せられて来たことを、今更のように実感致しております。

私の授業を聞かれた諸君は、私が繰り返して神戸寅次郎先生の学説を述べたことを記憶しておられることと思います。

特に司法試験を目指して勉強しておられたような勉強家の諸君にとっては、なぜ今頃神戸寅次郎なのかということを、不思議に思われたに違いない。かえって目先の勉強の邪魔になったかも知れない。私はやたらに通説に反抗して、異端の奇論異説を好むという悪癖があるから、今でも勉強家の諸君にとっては、迷惑な講義らしい。

この申し開きをしておく必要がありそうであります。こんど出す「神戸寅次郎・民法講義」という本は全体が、その申し開きであります。

これを読んでくだされば、諸君は慶應の民法の学問がどのように講義され、それを津田先生という優れた先輩がどのように受け止められ、それを私たちにどのように伝えてこられたのかが、わかると思います。

我妻栄という有名な学者が、民法の勉強はマラソンのようなものだと言って居ます。

私はマラソンよりは、駅伝のようなものに感じております。

学者が学問の襷を、次々と受け渡して次の時代に送っている。マラソンであれば、くたびれたり息が切れれば、途中で棄権できる。

駅伝は団体競技であるから、途中で逃げ出すわけには行かない。

先行ランナーから手渡された襷が、だんだんと重くなって参る。

今度出す神戸講義という本は、先輩の先生から私に渡された学問の襷でありました。

この襷を次に来る誰かに手渡して、私は三田の山を下りたいと思っております。

ペンの印のついている重い襷でした。

長い夏休みが待ち遠しい近頃であります。

ご清聴を感謝致します。
今日のお話はこれで御仕舞い。
お互いに元気で、来年また会いましょう。
十二月三日　三田山上の教室にて

講義と雑談

――教師の雑談の効用とその弊害に関する一考察

一九九六（平成8）年「流石」

教室の学生は、講義中の教師の雑談を原則として歓迎する（例外としてのへそ曲がりの学生はさしあたり度外視して論を進める）。受講する学生にとっては、元来が晦渋難解な法律学の授業を、長時間にわたって根を詰めて聞く頭脳労働の息ぬきであるし、筆記に疲れた神経と指との骨休めになる。雑談の内容が試験に出ることはないから、少々詰まらない話しでも我慢できる。教師の方も、所詮は学生のなれの果てであるから、そのあたりの呼吸は心得ている。

しかし教壇の上の教師の側からすると、講義中の雑談はどんな時に出てくるか、またその雑談には如何なる効用あるいは弊害があるか。自ら顧みて反省するべき問題があるように思われる。

用意した講義ノートを読み上げているうちに話す種が尽きてしまって、時計を見ると終了時間まで間があり過ぎる場合。

あまり早く講義を切り上げるのは何んとなく気が引けて躊躇する。

こういう時の時間をつなぐ雑談はいささか辛い。次の出番の師匠の支度ができるまで高座をつなぐ前座の噺家のような気分になる（少々反省）。

講義中に心身疲労している学生の注意を集中するための雑談。

これは教室で居眠りする学生の目を覚まし（前年度の試験の話などは学生の目を覚ますのにははなはだ有効な話題である）、惰れた気分を転換するために多少の効用があることは確かである。

ただし、雑談をする教師自身が気分転換してしまい、横道へ反れたまま帰れなくなる危険が伴う。雑談に身が入って講義への帰途を見失うなどということは、教師の職業倫理に悖ること甚だしく、言語道断と言うほかはない（反省）。教壇に上がっても、すぐに入り組んだ議論を展開することができぬ場合がある。いくら前もって準備をしていても、授業開始のベルとともにエンジン全開というわけには行かない。マウンドに上がって試合開始を待つ野球の投手みたいなもので、教師も頭と発声のウォーミング・アップが必要である。出席している相手の顔を見回し、雑談で適当に肩慣らしをしながら、受講する学生の注意を喚起する効用がある。

塾の大先輩の神戸寅次郎先生は、周到丹念な講義ノートを用意されて講義に臨まれ、偶々ノートを忘れて来られた折りには講義をせずに教壇を下りられたという伝説があるが、その神戸先生の講義前の雑談は延々と長かったそうである。

先輩にあたる恩師が学生時代に筆記された講義ノートを見ると、神戸先生のなされた講義の精緻・

高度・複雑さに驚嘆する。これだけの講義をするには、神戸先生といえどもかなりのウォーミング・アップが必要だったに違いない。

ウォーミング・アップに時間がかかり過ぎて、肝心の講義が時間切れになってしまうのも考えものではある（ちなみに神戸先生の講義は常に尻切れとんぼで、どの科目も終わりまで行っていない。但し、これは講義内容が緻密過ぎるからであって、必ずしも先生の雑談が長過ぎた故ではない）。しかしつらつら顧みるに、担当する責任時間の長さを雑談で何とか埋め補い、講義のレベルと雑談の程度とが合い括抗する自らの講義を痛悔するばかりである（猛省）。

講義中の雑談の効用と弊害に関する考察は以上の如くである。それにしても昔学生時代に教わった先生方の講義の本筋の方は一向に思い出せないのに、途中で先生の挟まれた雑談や駄洒落の類だけは奇妙にはっきりと記憶しているのは、どうしてであろうか。

少々気になるところである。

これもまた反省の余地があるように思われる。

八月某日

教え子の消息を知って

一九九六（平成8）年　私信

拝復
森元美代治君、あなたのお名前を突然に知らされたのは数日前に受け取ったゼミ一期生である水藤君からの手紙でした。彼の便りには去る十月二日付けの朝日新聞のコピーが同封されていました。おぼろげなコピー写真からも、三十余年昔の貴君の学生時代の面影が鮮明に蘇りました。心底驚きました。感動しました。

今日三田の教室でゼミナールの授業を終えて家へ戻ってきたら、貴兄からのお便りと御本が着いておりました。最後のゼミ生の授業を終えて帰って来たら、第一期生、最初のゼミ生であった貴君からのお便りと御本に遭遇したことは、不思議な因縁を感じます。

お送りいただいた『証言・日本人の過ち』を一気に読了しました。

世に疎い私には想像もできない世界でした。言葉には尽くせぬ苦痛と悲しみに満ちた重い書物でした。そして何よりも私を驚かせたものは、その事実を淡々と語る貴方と奥さんの不思議なまでの素直な明るさでした。ご郷里の南国の空を思わせる突き抜けた空の青さを感じました。実名で堂々と事実を語られる決意に、俗世間の忌まわしい差別の壁を見事に破り通した貴兄の強い意志に、心から感嘆するばかりです。この境地に達するまで、どれほどの心の苦しみと痛みに耐えられたのか、わずかに想像するばかりです。

貴兄からお送り頂いたお便りと新聞記事またあの希有な一冊の書物は、定年まぢかの老書生に多くの大事なことを教えてくれました。間違った学説がどれほどの悲惨を世にもたらすかということです。そしてそれを正して真理に到達する上で、人間にどれほどの勇気と行動が必要かと言うことです。貴重なお便りに心からお礼申し上げげます。

今後のご活躍を期待しています。近いうちにゼミの同窓会にての再会を楽しみにしております。家内よりも宜しくとの伝言を頼まれました。未だお会いしていない貴兄の奥様にも宜しく御伝言下さい。くれぐれもお大事に。

敬具

平成八年十一月一日

内池慶四郎

森元美代治様

良い答案と悪い答案

一九九七（平成9）年「流石」

一　学園紛争と特別講義
今は昔の昭和四十年代、日本中の大学は、すこぶる混乱していた。

学生運動の盛んな時代で、慶應義塾大学も御多分に漏れず、運動家の学生たちが三田の塾監局を占拠したり、日吉のキャンパスをバリケードで封鎖したり、あるいは授業中の教室に、仲間の学生がわいわい雪崩れこんできたりして、大層賑やかであった。

教壇の上で立ち往生する先生方は、もとよりお気の毒であったが、当時最も苦労したのは、連日のように学生運動と最前線で対峙する、学生部や教務部の教職員の人達である。

運悪く、学習指導の係を仰せつかっていた私も、大いに弱った。同様に運の悪かった学習指導のご同役に、仏文のS、独文のF、英文のY、S、日本政治史のH、保険法のKの各先生（当時いずれも花？の助教授あるいは専任講師）がおられた。

例年の学習指導の仕事といえば、全学年を通じての年間の授業の構成や時間割、教室の割り振りなど、鉄道のダイヤ編成のようなものであるが、これが学園紛争のために滅茶苦茶となり皆目授業の予測が立たない。

連日B29の空襲下にあった戦時中の国鉄の駅員のようなものである。

集まって鳩首協議を重ねたが、何しろ今後の成り行きの見当がつかない。

驟雨止まぬことなしと、泰然と構えた学部もあったが、法学部は名にし負う真面目人間の集団である。何かをやってうまく行く保証はないけれども、何もしないわけには行かないというので窮余の一策を考えた。

これがいわゆる特別講義である。

担当者が何か適当なテーマを勝手に選んで、空いている大教室で各時間に読み切りの講義をする。これなら授業を妨害されても、被害は単発的であり、他に影響を及ぼさないで済む。

妨害を実力で排除することなどは、多勢に無勢、初めから不可能であった。

要するに、列車運行を断念して、個々のトラックに分乗し、行けるところまで行こうというゲリラ戦的発想の転換である。

まことに場当たりの、出たとこ勝負の珍案であったが、学部全教員の賛同を得て、ただちに実施することになった。

二　良い答案と悪い答案

ともかくも、法学部全員の半信半疑の総意として、この特別講義なるものをやってみようということになったが、何しろ急場しのぎの新機軸だから、特に準備のしようもなく、志願者のいるわけもない。そこを無理に頼み込んで法政日吉の三パートより数名の若手教員を動員して、実施に踏み切った。企画した責任上、私も一駒持たないわけに行かず、そこで選んだテーマが「良い答案と悪い答案」である。

実にいい加減なテーマで恥じ入るが、中身の方もお粗末でなにをどんなふうにいったか良く覚えていない。

敵に占領された地域に潜入して物資を運ぶようなものだから、空いている教室を確保するのには苦心した。

天気の良い日には、屋外で講義が行われたこともある。

犯罪学のM教授は学部切ってのタカ派であったが、一日陸上競技の屋外スタンドに学生を集めて、講義を終えて帰って来てから「これが本当のスタンドプレイ」と駄洒落を飛ばしたものである。
特別講義は総体としては、あらかじめ心配したほどの妨害に遭わなかった。

なんとかお茶を濁して過ごしているうちに、キャンパスの封鎖が解けて、授業はめでたく常態に戻り、学習指導一同はほっとしたものであった。

学園紛争の方は、一応片がついたけれども、「良い答案と悪い答案」の方は私の頭の中にいつまでも片づかない問題として残ってしまった。妙な時期に変なテーマを選んだ報いに違いない。

三　良い答案との遭遇

悪い答案は学生時代に自分で散々書いてきたし、教員になってからは、毎年いやになるほど読まされているから、とくに考える必要がない。

わざわざ悪い答案の書き方を教わりに来るほど暇な学生もいないから、説明する必要は初めからない。問題は良い答案の方である。

山のような答案に追われるのは、大教室の授業を担当する教師の宿命であるが、数多い答案の中には、必ずといってよいほど、数枚の優れた答案がある。

良い答案としては、答が周到完璧でけちのつけようがない答案もあるが、中にはそれ以上に質問に対する解答が必要かつ十分というだけでなく、読んでいる此方が、虚をつかれてはっとするものがある。

答が問を上回っていて、出題者が唸るようなものがある。

こういう答案に出会うと、採点にいい加減うんざりしている教師にとって、砂漠の旅人が偶然にオアシスを見つけたような気持ちになる。

ただこういう良い答案というのは、千差万別一枚ごとに個性があって、その良さを計る共通した物差しが見当たらないようである。

美人がそれぞれに個性的美人であって、不美人でない点においてのみ、共通するようなものである(否定の哲学?)。かといって悪い答案の方も、かなりに個性的であるから、悪い方の典型から、逆に良い方を絞り出すという方法もあまり望みがない。

かくして良い答案は何かという大問題は、しばらく私の頭の隅の引き出しに放り込まれた儘であった。

四　良い答案の条件

良い答案の備えるべき諸条件の、私の深遠な考察は、面倒くさくなって暫く棚上げとなり、忘れかけていたがある日ある外国の文人の文章にふれて、また考えさせられることになった。

それによれば良い文章というものはまず第一に **clear** であること、同時に **compact** であり、しかも **complete** であること、そしてなお **joyful** であることが必要であるという。

論文や答案についても同じことが言えそうである。明晰、簡潔、完全、おまけにジョイフルであれというのは、ずいぶんと欲張った無理な注文であるが、いちいち思い当たるふしがないでもない。

明晰な文章というのは論理の筋がすらりと通っていて妙な滞りが無い。

無駄が無ければ簡潔である。それでいて読者から突っ込まれるような隙が無ければ完全ということになるであろう。

問題は最後の条件である joyful という意味である。

出題の山が外れて時間を持て余した学生が、苦し紛れに答案のます目を埋める駄洒落の類いは、悲しく滑稽ではあっても、あまり joyful ではない。

白紙の答案は採点する教師にひとときのやすらぎを与えて joyful ではあるが、提出したほうは joyful な筈がない。

おそらくここに joyful というのは、問いかける者の知的好奇心が答える者みずからの内なる問題とたまたま遭遇した時に発する火花のような輝きではないだろうか。

ここには対話を通じて互いに相手のなかに自分を見出した喜びがある。

試験の山をはずされた学生の嘆きが、採点者にひしひしと伝わるように、答える者が自分自身の内なる問題を問いかけられて、これに答える時の自らを相手に伝える喜びは、問答の確かな手ごたえを相手に感じさせる。

こんな答案を一度書いてみたかったし、こんな論文を一度は書いて見たいと思う。

一九九七（平成9）年「三色旗」五九一号

学問の春

学問の春に酔い

学問の夏に汗し
学問の秋に悩み
学問の冬に耐う

十数年前の話です。昔教わった先生の御葬儀にて、先生の恩師に当たるある著名な学者から寄せられたこの美しい言葉を聞きました。切りのない研究に携わる一書生として、深い感動を覚えたことを記憶しています。

あれから何年もたってこの言葉をもう一度思い起こしてみると、何か拘りのようなものを感じます。もとより生老病死の四苦を免れない個人の一生に、春夏秋冬の季節にも似た節目があることは疑いありません。しかし学問には夏も秋も冬も無いような気がします。恐らく学問それ自身は、学園に集う人たちと共に、常に若く瑞々しく爛漫たる永遠の春ではないでしょうか。

新学期が始まって三田や日吉のキャンパスに若々しい学生諸君があふれる度毎に、むせかえるような学園の新たな息吹を感じます。そこには確かに絢爛たる学問の春の再生があります。学問に携わる個々の人間には、春があり夏秋を経て、やがて厳しい冬が到来するでしょう。しかし自らの精神と肉体の季節を学問のそれに移すとき、そこに人間の弱さと不遜がありはしないでしょうか。なにかそのような気持ちがするのです。

平成九年二月某日

なぜ教科書を書かないのかとの質問に対する回答

一九九九（平成11）年「流石」

書かないのではない。書けないのである。

色々と詰まらぬ雑事に追われて書く暇がないのである。

長年にわたり教師をして来ながら、受講する学生諸君の勉強の助けになる教科書を書かなかったのは、まさしく私の怠慢である。

申し訳ない。

苦し紛れの弁解をすれば、若し私が立派な教科書を書けば、学生が教室に出てくる必要を感じなくなってしまうかも知れない。

教室は知的交流・ディスカッションの場として大事だから（かのソクラテスは教科書を書いたか）、生の知的コミュニケーションの場に学生諸君を引っぱり出す点で、教科書が無いのは良いことかも知れない。

ＣＤやカセットテープの演奏と生のライブと、諸君はどちらがお好みか？

ここまで屁理屈を並べてから、いささか気が引けた。

雑用がなくて暇があっても、果たして自分に教科書が書けるかどうかがそもそも怪しい。

みずから顧みるに、教科書を書くには独特の才能を必要とするもので、この能力が私には先天的に欠落しているように思われる。

その才能とは、膨大な知識を上手に整理整頓して収納し、何時でも何処でもパッと即座に引き出して使えるような特殊才能、いわばパソコン的な能力である。

論文を書くには、徒然なるままに思いつくことを物狂おしく書き綴れば足りる。

教科書はそうは行かない。

教科書を使う相手の身になって、全体の構成を案配し、夫々の部分を過不足なく割りつけ、きちんと仕上げる必要がある。

第一章の一行目を書き出す時に最終章の最後の行まで頭に入ってないと、教科書は書けないように思われる。

そういえば大学者がものした立派な教科書の巻末に付された周到な事項索引・条文索引などは、まさしく整然と並んだ整理だんすの小引出しを見る思いがする。

項目ごとに見事に整えられ、簡潔に纏められた教科書を見ると、それを書いた先生の書斎や机の上は、きっと塵一つなく清められ、その引き出しの中も見事に整理・整頓されているに違いないと想像する。

私はこの点まったく駄目で、埃まみれの本棚も引き出しも大混乱、一冊本を引き出そうとすれば、その後はおもちゃ箱をひっくり返したような惨状を呈する（その一冊の本を発見すること自体が時として困難で、手持ちの同じ書物を二度買う羽目に陥ることも稀ではない）。

講義が終わってから学生から質問を受けると、説明がとめどなくなって、次の時間まで延々と話が止まらない熱心な先生がいるけれども、あれも半分は豊富な学識のおもちゃ箱が転覆した類かも知れない。

昔郷里の中学校（旧制福島中学）で西洋史を教わった時、期末試験にギリシャとローマの文化を比較せよという問題が出た。

せっせとギリシャ初期の文化について書いていたら時間切れとなり、試験の後で歴史の先生に教員室に呼び出された。

何故こういう中途半端な答案を書いたかと先生に詰問されて、書いているうちに紙も時間も足りなくなりましたと答えたら、先生がフーンと言って、何とか及第点をもらったことを思い出した。

こんなドジな生徒に過去二千年の西洋史を教えたら、教え終わるまで二千年かかるに違いない。

付論……茶色の講義ノートについて

年配のジャズファンなら、グレン・ミラーの作曲した「茶色の小瓶」（little brown jug）を御記憶であろう。ここで取り上げるのは、同じ茶色でも小瓶ならぬ古く汚れた講義ノートである。念の為。

自分で書いた教科書がないからには、講義ノートで授業をするほかはない。

毎年のことながら、茶色に日灼けした表紙の講義ノートを教壇の上で開く時は、学生の目が少々気になる。

何年も書き換えたことのない古い講義ノートは、教師の不勉強の動かぬ証拠であって、毎年同じ内容の繰り返しと思われても仕方ない。

苦しい弁解ながら、それでも全く同じ内容というわけでもないので、毎年少しずつ書き足したり、改説したりしている内に、最初の内容とは随分と（少なくとも主観的には）変わって来ている。ノートを作った頃にはひどく感服していた学者の説が、後になって考えてみると、どうも納得出来なくなっていることも屢々ある。

年を重ねれば次第に頭もぼけ記憶も減退して、年とともに研究が進歩するという保障はないから、そうなると自ら講義の中身の方は、ノートから次第に外れて来る。かと言ってノートを新規に作り替えるのは面倒である。

そこで以前の記述を朱線を引いて抹消したり、やたらに行間に書き込んだり、頭注脚注をつけ足したりする。

それでも間に合わなくなると付箋を張り付けたり、新しいページをとじ込んだりしているうちに、内容がますます混雑して来て、使っている自分の方でも混乱する。

結局は長年愛用のノートも、次第に表紙は千切れ頁は落丁し、初めと変わらないのは題目だけで、実はほんのメモ代わり程度のものになって来る。

書いてある中身は自分でもあまり信用できないので、今は別人のように面変わりした若い頃の写真か、もはや役に立たない古い住所録みたいなものでしかない。

そんな頼りない哀れなノートでも、うっかり家に置き忘れて教壇に上がると大変で、すこぶる周章狼狽するのが教師の悲しい性である。

昔教わった国際私法の碩学であるK先生は、後進の研究者に教師の心得として毎年講義ノートを新しく作ることを薦められた。

新しいノートの中身は去年のノートと一言一句同じで良いのです、と教えられた。

あるべき教師の姿として、不肖の弟子にはまことに身の縮む思いながら、折角のお教えも今からではもう間に合いそうにない。

二〇〇〇（平成12）年　私信

キャパの写真

ロバート・キャパが撮った写真には、何か独特の力があるように思われる。キャパの名を高くしたあの有名なスペイン内戦や第二次大戦のノルマンディ上陸の写真を見ると、現場の報道写真ならではの、事実の重みと緊張感に圧倒される。

彼の写真に特徴的なのは、被写体として登場する人物が無名なことである。登場する兵士や難民や戦災孤児あるいは町行く人々などが無名の人間であるが故に、撮影された事件や情景それ自身の重みを見る者に直接に感じさせる。大物政治家とかスターやアイドルを盗み撮りするような類の週刊誌的な写真とは、まったく逆の行き方である。日本では例の浅沼委員長のテロの事件を撮った報道写真が有名であるが、これはどこか突発事件についてのスクープ写真的な匂いがあって、矢張りキャパの作品とは大分違う印象を受ける。

私自身も学生時代に写真に凝った時期があって、下手な写真をやたらに取って回り、自分で現像したり引き伸ばしたりで忙しく、学業を放棄して徹夜を重ねた覚えがある。そのうちに所謂芸術写真というのは、どうしたって絵画にはかなわない。写真のエッセンスは何と言っても事実を事実として捉える報道写真にあるように思うようになった。当時映画界に登場したロッセリーニやデシーカの作品に代表されるイタリヤのネオ・リアリスモの影響もあったかも知れない。ともかく当時からキャパの写真には惹かれるものを感じたのである。

キャパの作品にも、ロシヤ革命当時のトロツキーとか、第二次大戦中のパットン将軍とか、あるいは戦後のピカソやバーグマンといった有名人を撮影したものがあるが、これも単なる有名人士の肖像写真とは違うような気がする。演説するトロツキーにはロシヤ革命の陰鬱な雰囲気が横溢し、パットンの豪頑な表情には戦場の火薬と埃の匂いがする。若い愛人に大きな日傘をさして従うピカソの嬉しそうな姿には、愛人の若さの優越を慈しむ老人の悲しい歓喜がある。ソファに頭を凭れて仰向くバーグマンにはハリウッド・スターの限りない疲労が読み取れる。そこでは事件そのものが写真の対象ではない。ある状況のなかで浮び上がる人間の顔、そんなものがキャパの写したい主題であったのかも知れない。

キャパのような写真を一度は撮って見たいと思っているうちに、老眼で自分の目のピントが合わなくなってしまった。傑作写真は夢のまた夢。女房の命令で猫の見合い写真ばかり撮らされている今日このごろである。例によって駄文をものして近況ご報告まで。

西暦二〇〇〇年四月一六日

内池　慶四郎

巨人の肩車

二〇〇二（平成14）年「流石」

ハーヴァード大学の古生物学者グールド（S. T. Gould）は、その随筆集「パンダの親指」のなかで、「もし私にずっと遠くまで見えたとすれば、それは巨人の肩の上に立ってのことです」というニュウトンの有名な言葉をひき、この比喩の由来をさかのぼる例として、シャルトル大伽藍の壁を飾るステンドグラスのことを書いている（グールド・「進化論再考　パンダの親指」上・61頁・桜町翠軒訳・早川書房）。

グールドが随筆でとりあげているのは、シャルトル寺院の南翼廊、高い円形薔薇窓の下にならぶ縦長の五つの窓のステンドグラスである。幼子のイエスを抱いて立つ聖母を中央にして、四福音書の使徒マタイ、ルカ、ヨハネ、マルコの四人が、それぞれ旧約聖書の預言者であるイザヤ、エレミヤ、エゼキエル、ダニエルの肩車に乗せられている不思議な図柄である。威風堂々と立つ旧約の預言者たちの肩の上で、福音書の使徒たちは、小さな子供のように見える。新約の世界に先駆し、その到来を準備し、予言した旧約の巨人たちの大きな強い肩に支えられて、新約の使徒たちが登場するこの絵に、新旧両時代を結ぶ信仰の承継についての、中世の人々の思いが描かれているように思われる。「巨人の肩の上から遠くが見える」というニュウトンの言葉も、おそらくは自然科学の進歩においても、事情は異ならないという意味であろう。

なんの懼れもしらずに学問の世界にはいってしばらくしてから、先人の仕事に圧倒され、文字どおり一句も書けなくなって立ち往生した時期が続いたことがある。偉大な先輩先学の学問が高い壁のように目の前に立ちはだかって、身の置き場もなかった。学問の歓びは苦痛にかわり、生きいきとした好奇心は生々しい恐怖となった。自らを恃む傲慢は、自虐的な自省と裏腹のものでしかなかった。この時期にひとりの恩師が、キリストの教えも、釈尊の悟りも、その弟子たちによって世に伝えられたことを、何気なく語られたことを覚えている。自らが神仏となる必要はない。弟子には弟子としての果たすにたる仕事がある、というような意味でいわれたことではなかったかと思う。道半ばに迷う後進を救う慈悲の言葉であった。

並んで立とうとすれば遠くその足下にも及ばぬ後進も、先師の靴紐を解くこともかなわぬ弟子にも、なおその心と才覚をつくして行うにたる後進後輩の仕事があるに違いない。その足下に及ばなくとも、後ろから先師先学の背中によじ登り、肩車に乗せて頂いて遠くを見る程の後進の甘えを、先行した我々の学問の巨人たちは、時として軽いお荷物として許してくれはしまいか、と思うのである。肩車にのるかぎりは、その高さに目がまわり、落ちて少々怪我するくらいのことは、覚悟しなければなるまい。

一日、恩師の古い講義ノートや著作をあらためて読み返しながら、感じたことである。

…………

以前からかねがね見たいと願っていたシャルトルの壮麗なステンドグラスを、実際にこの目で見る機会をえたのは、一九八二年の晩秋であった。パリ在住のK氏がつきあってくれて、彼のフォルクス・ワーゲンにのせてもらい、フランスの田園を走ること数時間。さえぎるものもない黄昏の平野に突兀と聳える二つの尖塔をみた時の、心の揺らぎを今も忘れない。この日はあいにくと曇り空で、巨大な寺院の裡は深い海底のように暗く、有名なシャルトル・ブルーのステンドグラスは、濃い青というよりもむしろ黒々と虚空に沈んで、御堂の壁龕に所々ともる蠟燭の光りのみ寒々と、深沈たる中世の空気を伝えていた。欲をだして寺院のそばの安宿に一泊し、翌日朝からもう一度見に行ったが、日頃の不信心の報いか、この日も朝から小雨模様で、明るい太陽の光を透したステンドグラスの輝きをついに見ることができなかった。

たしかに出会っている筈なのに、四人の使途たちがどんな顔をして巨人の肩車に乗っていたか、どうしても思い出せない。

遅刻と早退について

二〇〇三（平成15）年　みなと会特別講義

さて、われらのみなと会も随分と長生きをしまして、第一期生の諸君が還暦を迎え、かく申す私も古稀を迎えるに至りました。年を取るごとに、先生と学生の年齢差が狭まるものであります。毎年この会に出席して古い卒業生に会っていると、みんな孫の何人かいるような立派な爺さん婆さんたちで、何となくこっちも自分の同窓会に出て居るような気分になります。

同窓会と言えば、数年前に私が旧制中学の同窓会に出席したところ、時々顔を合わせる友人はすぐに分かるけれど、余りつき合いのなかった相手は、同じクラスの者でも、なかなか誰なのか分からない。おしゃべりをしているうちに、ああ彼奴だったかと漸く気がつくのはまだいい方で、最後まで誰だか分からずに終わってしまう相手が半分以上です。

席上どうしても思い出せない顔が一人いて、親しい友人に彼奴は誰だっけと尋ねたら、馬鹿、あれは数学を教わった何々先生じゃないか、と言われて愕然としました。よくよく見れば、確かに昔教わった先生ですが、当時師範学校（今の学芸大学）を出たての新任の若い先生で、生徒のこちらとは五～六歳程度の年の開きがあったので、当時は大人の先生に見えたのですが、生徒たちが七十近くになると、当時の若い先生と生徒たちとの年の差があまりなくなってしまって、生徒との区別がつかなくなってしまったのです。自分たちの仲間と勘違いして、あまり馴れ馴れしい口をきかなくって良かったと反省しました。

同窓会は、皆でわいわいがやがやとおしゃべりをして、酒を飲んでいる間に終わってしまうからいいのですが、このみなと会は、毎回幹事から何か為になる話をしろと命令されるのが困るのです。五十年近く教師をして壇の上でおしゃべりをして居ると、話がだんだんと種切れになる。同じ話をしたり、古いジョークを飛ばせば、またかと思われるのが悔しい。世の中のことを知り尽くしたような顔をして黙っている方が偉そうに見えるから、そろそろこの悪しき習慣も終わりにして、この辺で本当に定年退職させて欲しいと思います。

ともかく約束したからには、何か話さなければならないので色々と悩みました。その結果として今回の話の題材は、「遅刻」と「早退」についての根源的考察であります。

まず「遅刻」について述べます。大体が大学の教師の多くは、勉強するとしないに関わらず宵っ張りの朝寝坊です。私も年を取ると朝早く起きられるのではないか、と若い時に考えていましたが、この年になっても、そうは問屋が卸さない。今でも起きる必要がなければ、昼まででも寝ていたい。いくら寝ても寝足りない。それで慌てて学校へ行くと、大抵始業時間に間に合わない。ところが熱心真面目な学生諸君は、すでに教室を埋めて待っています。遅刻だ遅刻だとささやく声を無視して教壇に上り、厳かに訓示を与えてその妄を正します。いわく教師が教壇に立ったその時から、授業は始まる。従って先生に遅れて教室に入った学生は遅刻であるけれども、先生が授業に遅刻することはあり得ない。先生が遅刻することは物理的に不可能である。

そう考えたら、生意気な学生が反論して、じゃ始業のベルは何故鳴るんですか。その時先生少しも騒がず、授業時間のベルは、そろそろ先生が来るかも知れないから用心せよとの注意であって、すくなくともそれ以前には授業がないことを示す。これはいわば敵機接近の可能性があるという警戒警報に過ぎない。現実の空襲は、先生が目の前に現れた時から開始する。警戒警報が発令されても、敵の飛行機が来ないことだってあるのだから、先生が最後まで教室に現れないことだって、十分にあり得ることである。この答で相手の学生が納得したかどうかは、未だにわからない。何しろB29と言っても、鉛筆かと思う学生がいるのだから、空襲警報と警戒警報との区別がつくかどうかも覚束ない。

次は早退の話です。勝手なもので、自分の方はしょっちゅう遅れて来るくせに、授業中に席を立って教室を去る学生は、実に頭に来る。学生の方にも体育会の練習があるとか、ワグネルの演奏会だとか、あるいは生理的要求だとか、よんどころのない事情があるかも知れないけれども、教師の方にしてみれば、自分の下手な講義に愛想を尽かされそっぽを向かれたような気分で、なんとも気にいらない。

思い出すのは、あの厳格な津田先生の会社法の講義で、出席した学生を毎回教壇の上から写真に撮る。おまけに授業が始まると同時に教室の後ろのドアに鍵をかけて、学生を缶詰にして脱出を防いでしまう。先生の猛烈なやり方には、塾の中でも何かと批判はあったけれども、その心は自分の最善を尽くした講義を出来るだけ受講させたい、また学生が教室を出て、ジャン荘や飲み屋、喫茶店で過ごすろくでもない時間つぶしをさせたくない、という愛塾精神の発露であり、先輩としての親心であったことは疑う余地がありません。このような厳しくも面倒見の良い先輩に恵まれたわれわれは幸福です。教師になってからの私は、とうてい津田先生のような自信も勇気もなかったけれど、目の前で席を立つ学生が毎回すこぶる癪に障ったことは確かで、折りあらば文句をつけてやろうと構えていた。

そんな時に、丁度助教授になった頃でしたが、たまたま妙な科目を担当する羽目になったのです。それは特に体育会の所属学生の成績が良くないので、これを集めて特別なクラスを編成し、落第しないように法律学の特訓をするという企画でありました。当時体育会の主事を務めていたのが、照井伊豆という人で、諸君の中にも知っている人がいるでしょう。この人は小泉信三先生に傾倒して、文武両道つまり体育会の運動の成績と学問の成績との両立を目標として、体育会を常々指導して居られたのです。

この特別クラスというのが、各部の主将・副将・マネージャーという三役を網羅したクラスで、授業を始めたところ、ともかく出席がいい。絶対に休まない。グランドの猛者たちが居眠りもせず、授業態度もまことに行儀よく静粛である。ところが皆練習や競技会があるから、途中で早退することになる。時間が来ると突然に起立して、深々と頭を下げ、最敬礼をして静々と退席する。その早退する態度が、実に鮮やかで礼儀にかなっている。これには文句の言いようがなく、うまく騙されました。おそらくは向こうも対策を色々と考えて、先生の気分を害することなく教室を逃げ出す手段を考案したのだと思います。

遅刻とか早退とか、こんな話を持ち出したのは、実は下心があるのです。過日テレビを見てましたら、齢九十を過ぎるお婆さんが出ていました。そのお婆さんは若い時にブラジルへ渡った日系一世の開拓者で、初めて里帰りをし、両親の墓参りをしたとのことです。もちろん日本には彼女の知己は殆ど皆亡くなっているのですが、お寂しいでしょうとのアナウンサーの問いに答えて、お婆さんは明るい表情で次のように言って居ました。自分は長く生きてきたので、別離にはもう慣れている。むしろ死別した懐かしい人達に会えたことを有り難く思っている。別れた大切な人達と、この世で会えたことが嬉しいと。

この言葉に私は深い感動を覚えました。人の別れはつらく悲しいものです。別れに慣れたと言えるほど、私は老成していないけれど、別れのつらさ悲しさは、確かにその人に出会うことができた幸運の証に違いない。まことに人生無常。われわれも共に年を重ねて今日の日まで参りましたが、やがて別離の日が来ることはやむを得ません。しかし一期一会この三田の山で、はからずも諸君に出会えたことを、私は大変幸福だと思います。ただし、人生の早退を私は許さない。教師たる私よりも先に勝手にこの世を去り教室を出ることは、体育会の学生のようにいくら静々と退場しても、私の有為な話を無視し侮辱するもので、はなはだ不遜無礼であり、実に癪に障ることで、到底勘弁できない。

そんなわけで、諸君のご健康を切に祈ります。

二〇〇四（平成16）年「流石」

老兵は死なず

一　婚礼と葬儀

一昔前には、先輩や友人の婚礼に出席する機会が多かった。大学を卒業してからは、ゼミの卒業生や体育会のＯＢ諸君の結婚式に、屢々ご招待の栄に浴した。若い時分に母親から、人は人生において少なくとも三回は他人様の仲人の役目を果たさねばならない、と教えられたが、教師と言う職業からか、今までに仲人の役目を果たした回数は、自分でも数え切れない。言うまでもなくいわゆる頼まれ仲人の口であり、まことに無責任極まりない話だが、それでも二人がその後にうまく行っているかどうかが気にかかる。ともあれ仲人の回数だけは、母親に命じられた責任回数を大きく上回ったのは、我ながら目出たい話である。

ところが月去り年を経て、近頃は旧知旧友の葬式がやたらと増えている。こちらはあまりお目出たくない。櫛の歯を引くように年来の知己が物故すると、自分の過去の一部まで一緒にあの世に持っていかれたような気分で、まことにガックリする。三途の川の向こう岸の方が旧友旧知で賑っているので、川越に遠いお祭りの花火を見ているような気分になる。

二　学部長補佐

生来の無能無精のせいで、慶應義塾在職中には学部長とか理事とかの管理職につくことなく、しがない一教師として無事に定年まで勤め終えることができたのは、義塾にとっても自分にとっても、まことに幸いであった。ところがその自分が、一度だけ学部長を補佐するという飛んでもない役職を仰せつかった経験がある。

通例法学部は、法律・政治・日吉の三部門から、夫々一名の補佐役が出て時の学部長の事務を補佐する。ところが中国共産党の研究家で後に塾長を長く勤められたI先生が、何度目かの学部長就任に際して、自分一人を学部長の補佐役に指名された。すでに学部長を歴任して、学部の裏も表も知り尽くしたI先生にしてみれば、学部長補佐なんどは居ても居なくとも差し支えなかろうと言うくらいのところであったと思われる。どうせ学部長が一人で何でもやってしまうだろうからと思って、こちらも気楽に引き受けた。

ところが学期が始まってみると、これが変な仕事で結構忙しい。塾関係者の葬儀のたびに法学部長の名刺と金一封を携えて斎場に急行する。学部長の仕事の大部分が、この種の冠婚葬祭の付き合いにあることを初めて知った。お葬式の補佐ばかりではクサクサするから、たまには結婚式にも出席したいと上申したら、そのうちに頼むよとの返答であったがその機会はついに訪れなかった。考えてみれば、婚礼の方は予め予定が組めるが、葬式や通夜は突発的に起こるから学部長補佐の出番となるので、要するに消防車か救急車の役目であることが判明した。I先生が塾長になられたおかげで、補佐の激職からめでたく解放された。

三　老兵の知恵

学部長のI先生といえば、人使いの荒いことで有名であったが、同時に常にみずから陣頭指揮にあたり、部下の労をねぎらうことを忘れない人使いの巧者であった。一緒にいると、命じられたつまらない仕事が、いつの間にか妙に面白くなって仕舞う。こういう上役は、部下にとって危険人物であり、これに仕えることは物騒なことである。その昔、ジュリアス・シーザーは、負傷して倒れたローマ兵士の傷口に唇を当てて血を拭ったという。それを伝え聞いた兵士の母親は、わが子が生きて帰ることは無いだろうと嘆いたという。このような有能な指揮官の危険を良く知る老兵が、無事に凱旋して故郷の家族に再会することができた。

老兵は死なず、ただ消え行くのみ。

Old soldiers never die, but fade away. かつて極東軍総司令官を解任されたダグラス・マッカーサーが、米議会の演説に際して引用した古い軍歌の一節である。すでに定年を迎え、あるいは迎えつつあるわがゼミOBの老兵諸君にこの一句を捧げて、その知恵と健康を祝賀する次第である。

愛しき祖国

――忘れ得ぬ人・忘れ難い言葉

二〇〇五（平成17）年「流石」

「祖国は愛おし。されど愛おしき自由。そして自由よりも、なお愛おしき真理」

ローマの哲人キケロの言葉という。この美しい言葉を私に教えてくれた人は、故アルツール・カウフマン教授である。二十数年前にドイツに再度留学した際に、ミュンヘン大学で教授の研究室を訪ねたおりのことであった。原典とされるキケロの真意はさておき、カウフマン教授の真摯な人柄を伝えるよすがとして、私にとって忘れ難い言葉である。

去る二〇〇一年の十一月、ドイツのミュンヘンから一通の訃報が届いた。一九六〇年代の最初のドイツ留学以来、ずいぶんとお世話になり、家族ぐるみのおつき合いの続いていたアルツール・カウフマン教授の逝去を伝えるドロテア夫人からのご挨拶状であった。

慶應義塾で福澤基金による留学制度が設けられて、最初の留学生となる機会に恵まれた時、さてどこの大学に行こうかと迷った。学生時代からドイツ法学を学んでいたので、ドイツに行くことは決まっていたようなものであるが、肝心の大学の選択が難しい。先輩で友人でもある被害者学の宮澤浩一教授（当時助教授）に相談したところ、彼いわく、ハイデルベルクとかミュンヘンといった古い大学も良いけれども、新しい大学で新しい分野を研究して見るのも面白い。その当時ドイツで最も新しく出来たザール大学では、そのころ発足したヨーロッパ共同体の法制度に着目した特色があり、そこに友人のカウフマンという教授が着任したところだから、何かと便宜を図ってくれるだろうと、早速に連絡をとってくれた。宮澤教授の強引な推挙のおかげか、話は簡単に進み、同大学法学部に研究室を用意して頂いて、ドイツとフランスの国境にある地方都市ザールブリュッケンに一年余の留学生活を送ることが叶ったのである。

ホテルに落ち着いて、教授のお宅におっかなびっくり慣れぬドイツ語の電話を入れて見ると、早速にドロテア夫人が車で迎えに来てくれて、ザールブリュッケンの近郊シャイトにあるご自宅に参上した。「カウフマンです」と名のって立ち上がり、柔らかな手を差し伸べた長身痩軀、灰色がかった金髪の上品な中年の紳士。その時、何を話したかは、すべて忘れ果ててしまったけれども、ほの暗い書斎のソファーで初めて対面した教授の、もの静かで謙虚な温容は未だに目に浮かぶようである。この第一印象は、その後の長いおつき合いを通じて、最後の最後まで一貫して変わることがなかった。

カウフマン教授は、その後にザール大学を去り、ミュンヘン大学の教授に招聘されて晩年を古都ミュンヘンで過ごされたが、私は最初の留学の後ほぼ二十年を経て二度目のドイツ留学のおりに、家内と共にミュンヘンを訪れる機会を得た。

ミュンヘン大学の教授の研究室を見せて頂いた時のことである。教授の机の上に飾られた二枚の恩師の写真、一人は刑法・法哲学のラートブルッフ、そしてもう一人は哲学のヤスパース、この二人の肖像はすぐに分かったけれども、壁に掛けられた一枚の大きな写真に写っている一人の日本人青年が誰なのか分からない。これは誰ですか、と問うと、知らない私に教授は驚いた様子で、これは慶應の大学院学生で、教授のもとに留学している間に、不治の病に侵され、研究の道半ばに帰国して故国で死亡した某君ですよ、と教えてくれた。日本の両親から、その息子の訃報を受けた教授が、そのドイツでの教え子の死を悼んで送った言葉が、冒頭に掲げたキケロの文章であると言う。某君の両親は、教授から送られたこの追悼の言葉を、教授の署名と共にその墓碑銘に刻んだと言う話であった。

「これは元来キケロの言葉なので、僕の名前と一緒に書かれては困るのですよ……」

教授は苦笑しながら、その学生の墓碑銘の写真を私に示された。私は返す言葉を失ったまま、その一葉の写真に見入ったのである。

遠く故国を離れた異郷の地に病を得て、学問の道半ばに倒れた若い研究者にとって、愛する祖国、より愛する自由、そして最も愛する真理、というこの言葉ほどに優しく美しい慰めの言葉を、私は他に知らない。この言葉をはなむけとして日本の一学生に贈ったカウフマン教授自身が、一度は祖国の為に学問の道半ばにして学徒兵として動員を受け、頭部に受けた重傷の後遺症に悩みつつその余生を真理に捧げた一人の優れた学究である。

教授の国境を越えた学問へのひたむきな献身を、そして共に同じ道を歩む一研究者に注ぐ限りない人間愛に満ちたあの優しい眼差しを、私は忘れることが出来ない。キケロはどうでも良い。この言葉は、私にとって学者カウフマンその人の人格なのである。

二〇〇四年十二月某日

三田法学部の講義

——平成二〇年頭「流石」に寄せる

二〇〇八（平成20）年「流石」

三田山上で刑法の講義を受けた宮崎澄夫先生は、禿げ頭であった。先生によれば、先生が留学された第一次大戦直後のドイツにおいては、禿げ頭はインテリたる証拠であり、先生の同僚である今泉先生や津田先生は、長髪の野蛮人であるとの主張であった。そういえば、私が留学した昭和四十年当時のザールブリュッケンで知己となったドイツの友人は、若いのに立派な禿げ頭を、誇り高く振り立てていたことを思い出す。

こちらは禿げ頭の話ではないが、第二次大戦の直後、日吉の校舎がアメリカ軍の接収から漸く解放されて、うんざりするほど退屈な法学通論の講義が法制史専攻の手塚先生によって行われていた頃の記憶である。日吉の大教室の廊下を、カランコロンと高下駄を鳴らしてやって来る学生がいた。「コラー！」と大喝一声した手塚先生が、脱兎を襲う獅子のような勢いで、教室を飛び出され、学生を日吉駅の向こう側まで追っかけてゆかれて、その授業はついにそのままお流れとなった。

日吉の二年学生生活を終えて、三田の授業を受けることになった時は、すこぶる嬉しかった。何しろ日吉で雨が降れば、キャンパスはたちまち泥田のようにぬかるみ、長い雨靴を履いて行かなければならないのに、三田は普通の靴を履いて行けば良いのだから、有り難かったのである。

三田で受けた授業で受けた諸先生の講義の中でも、伊東乾先生の民事訴訟法の講義は、すこぶる感動的であった。めりはりが利いて、一言一句が考え抜かれた名講義であり、なにかベートーベンのシンフォニーを聴き惚れるような趣があった。それでいて、講義が終わって教室を出ると、頭の中が真っ白になったようで、何も覚えていない。このような天才には、とてもついて行けないものと観念した。

宮崎先生によれば、長髪族の野蛮人である津田先生に会社法を教わっている間に、これならヒョットすると、ついて行けるかも知れないと思いついた。大学院に残って、二、三年先生に食いついていれば、一歩でも二歩でも先生の学問に近づけるのではないか、と思ったのが、結局運の尽きだったのである。

学校へ残って分かったのは、目の前にいると思った津田先生との距離が、日毎に遠ざかって行く感覚であった。そしてこの感覚は、先生が逝去される最後の日まで、残ることになった。名にし負う喧し屋の先生は、授業が始まると後ろのドアを締め切って、教室の学生を缶詰めにして、おまけに学生を指定席に固定して写真を撮った。半分は脅かしで、写真は入っていないのではないかと勘ぐる向きもあったが、先生は毎時間毎にきちんと現像して学生の出席を確認しておられたとのことである。今時、これほどに面倒見の良い恩師や先輩が、果たしてどれほど居られるだろうか、と思うのである。

（執筆年・出典不明）

私の窓の外

郷里の福島で中学・高校時代を過ごしたころ、窓から見える吾妻山の頂がある朝白く雪で覆われ、日毎にその白が中腹から裾野へ下りてくると、それにつれて学業が次第にうわの空になった。スキーの季節到来である。古いスキー靴のホコリを払って保革油を引き、スキーエッジをみがいてサビを落とし、クリスターボックスの下塗りをする。あとは西の山を眺めて終日ソワソワして過ごす。勉強が頭に入るわけがない。

大学入試直前の冬も、スキーをかついで蔵王岳に登り、帰ってきたら体育の先生に呼び出されて、お叱りを受けた。曰く、大事な受験期に足を折ったり頭を打ったりしたらどうするか。そもそも入試に真剣味が足りない云々。

東京や横浜で暮らすようになってからは、雪の降る山が目の前にないので、それだけ平穏である。そのかわり別のものが気になりだした。窓外の草木を動かす風が気にかかる。風の強い日には模型飛行機が飛ばない。とくに動力が弱く翼面荷重の小さなゴム動力機は、秋から冬にかけての安定した大気、とりわけ日没直前の静止気流の中でのみ、その能力を充分に発揮する。自作の飛行機に最適の状態を見出すためには、草木のたたずまい、風呂屋の煙突から出る煙の流れから、トンビの飛び方にまで常時気を配ることになる。すなわちソワソワして終日窓の外が気になる。読書に身が入らない結果として、いずれ何処かの先生に呼び出されて叱られそうである。

装

一九七八（昭和53）年「三田評論」七八四号

小学生以前から作り始めていたから、私の模型飛行歴は長い。時々中断したけれども爾来研鑽を重ね連綿として現在に及ぶ。手ほどきを受けた最初の師匠は、亀岡重太郎―通称カメさんという郷里の模型屋である。

カメさんは、福島市内にある裁判所の北側の通りに、間口二間奥行き一間半ほどのささやかな店を開いていた。通りに面したガラス戸をあけると、三尺ほどの土間をへだてて、カウンター越しに一坪位の作業場がある。周囲の壁一杯に無数の飛行機やグライダーがかけられ、低い天井にも沢山の模型がつるされていたが、中にも偉容を誇るのは、翼幅が二メートルにも及ぶ、エア・エンジン装備の九〇式艦上戦闘機のフライング・スケールモデルである。店に集まる当時の子供達にとっては、この銀色に輝く複葉機の模型は、高嶺の花を通りこした憧れのため息の対象であった。

夕方近くなると、カメさんは、子供達を引きつれて、近所にあるお稲荷様の境内まで、新作機の試験飛行に行く。飛行パターンは緩上昇スタイルであり、名人の手をはなれた機体は、ゆるやかな輪を虚空に描きながら、次第に高度をとり、神社の大屋根を越えると、火の見やぐらのはるか上にまで達する。ニス塗りの翼紙を秋の日差しに時折ピカリと反射させて暮れ方の空に漂うライトプレーンは、やがて夕焼雲の一片に溶け込むかと思われた。

風に流されるはるかな機影を追って、尊敬おくあたわざるカメさんのために、よその生垣を毀し他家の庭を犯して懸命に奔走するのは小さな徒弟達の聖なる勤めであった。

戦争の風向きがおかしくなりかけた昭和十八年頃、独身のカメさんは、老母一人を小さな店に残して出征し、遂に帰らなかった。南方に向かう輸送船とともに海没したという話を人伝えに聞いたのは、戦後しばらくしてからである。


（執筆年・出典不明）

模型飛行機の世界

近所の公園で、ゴム動力の模型飛行機を飛ばしていると、見知らぬ相手から声をかけられる。

「よいご趣味ですね」

返事に困るのは、こういうときである。模型飛行機は、本当によい趣味か、それとも悪い病気か。その面白さにとりつかれて五十年、ここのところが自分でも判然としないうらみがある。

模型飛行機とは何だろう。空中を飛行しないものは〝飛行機〟とはいわない。それゆえにプラモデルのゼロ戦は、いくら精密に実機を模写復元していても、飛行機の〝模型〟であって、模型〝飛行機〟ではない。これに対して、昔からある折り紙のヒコーキなどは、風に乗って自由に飛ぶのであるから、単純な構造ではあるが、立派な模型〝飛行機〟といえる。

実機と模型飛行機とでは、同じ飛行するものでありながら、その属する世界が違うように思われる。

青空高く白い航跡を引いて飛ぶジェット旅客機の姿は、雄壮であり優雅でもある。しかし空港で近く見る機体は、あちこちに凹凸があり、油煙で汚れた軽合金の塊であって、あまり美しいものではない。その離着陸の轟音と震動は、大型トラックで砂利道を突っ走る趣がある。

これに比べれば、模型飛行機、特にゴム動力機の世界は、日常的実用性と縁のない静謐な世界である。翼幅三十センチに満たない小型機の飛翔は、鳥よりもトンボやチョウのそれに近く、室内機が緩やかに空中を浮遊する様は、海水中のプランクトンとかガラス球の中の水中花の運動にも似て夢幻的なものがある。ここでは、空気はその密度を増し、時間の流れも停滞する。

この世界に生息するモデラーたちには、生命の石を異次元の宇宙に求めて、報われることのない努力を重ねる中世の錬金術師の面影がある。

模型飛行機は、趣味か病気か。

第二章

忘れ得ぬ人々

私の百年祭

——神戸・津田民法講義ノート公刊の顛末

一九九二（平成4）年　未発表原稿

一　「私の百年祭」

この題目は、いささか誤解を招きそうでありま す。「私の百年祭」などというと、なにか私の還暦とか、私の誕生日とか言う表現と似ていて、私が当年百歳を迎えたかのように取られそうですが、私はそんな前世紀の遺物ではありません。正確にいえば、私にとっての義塾法学部発足百年記念祭ということになります。もっと意を尽くせば、津田先生と私にとっての、法学部百年祭ということなのですが、いずれにしても、これでは長過ぎるので、言葉を約めてみたら、意味が取れなくなりました。とにかく、言いたい意味は、そんなところです。

ご承知のように、数年前の法学部百年祭には、随分と盛沢山の行事がありました。これは学部所属の同僚仲間が前々から集まり、それぞれに頭を絞って企画して実現した大事業で、学部学科を越えて、教職員一同はもとより、先輩後輩、塾員や塾生、その父兄ご家族までの絶大な支援のもとに成功を収めました。外国からも多数の学者が参加して、国際シンポジュウムや学術講演会、特別講義、ゼミナール等々、まことに華やかな催しでありました。塾祖の福澤先生を初めとして、今まで法学部を生み育てられた大先輩の方々には、きっとお喜び戴けるものであったかと思います。私も、たまたま百年目に居合わせたというだけで、嬉しく光栄な思いをいたしました。

さて、学部百年祭の行事はつつがなく、賑やかに終わりましたが、過ぎてみますと、なにか祭りの後といった白けた気分で、どうも自分の気持ちの上では、いまひとつ、落ち着いたものがない。いわば皆の担いだ御神輿が、群衆に紛れ込んだ自分の傍らを、華やかに通り過ぎていったような感じがしないでもない。百年という時間の区切りの意味を、自分の頭の中で、少々持てあましておりました。

二　発端――福澤センターの研究会報告

たまたまそんな時期に、福澤センターで当時所長をやっていた内山秀夫君の主宰する、慶應義塾の知的伝統ということをテーマとした、少人数の研究会に、私は、なかばお義理で参加しておりました。その席上、塾出身の若い歴史家の方が、塾の大先輩で、すでに亡くなられた有名な歴史学者である田中萃一郎先生の用いられた講義ノートを、発見して紹介され、その学問上の意義を説かれました。門外漢として、歴史に無責任な興味を持っておりましたし、萃一郎先生のご令息にあたられる田中萂三先生に、学生時代から親しくお教えを頂いていたご縁もありましたので、私には、大変面白いお話でありました。そのときに、偶然に思い出しましたのが、恩師である津田利治先生が、学生時代に神戸寅次郎先生の講義に出席して書取られたという、民法講義のノートのことでありました。

ご承知のように、神戸先生という方は、明治二十三年に第一回生として義塾の法律科を卒業なさって、すぐに義塾教員となられ、昭和十四年に亡くなられるまで、法学部の教壇にお立ちになっておられた大先輩であります。民法の債権法の研究者として有名であり、「契約総則」「契約解除論」あるいは「権利質論」などの詳細緻密な大論文を残しておられます。私が入学しましたのが昭和二十六年頃でありますから、勿論、先生のお亡くなりになった後のことで、残念ながら、その講義を拝聴する機会には恵まれませんでした。

この神戸先生のお書きになられたご本というのが、民法各条規の徹底した解釈学で、実に理詰めで、よその大学者に対する批判がまことに痛烈で、大変に面白いのですが、その理論の構成が、また実に精密で、難解を極めるものとしても、有名な本でありました。読んでいると、なにか詰め将棋の難問に取り組んでいるようで、頭痛がしてくるようなところがある。書かれている行と行の間が、重いとでも言うのか、極度に圧縮された表現の背後にある、先生の思考の軌跡が、なかなか容易には捕捉できないのです。

先生がのこされた論文は、大きな氷山の水面に出ている一端一角でしかない。その下の方に沈んでいる、隠れた部分が、どうにも気になる。そんな気持ちが、昔からしていました。

三　神戸先生講義ノートとの遭遇と「ご写経」の時代

元来論文は、専門の学者が学者を相手にする真剣勝負のようなものですから（近時、奇妙な飛道具を使ったり、ときには、真剣ではなく、木刀か竹刀の勝負？のようなのもあるようですけれども……これは余談）、本人には解りきったことを、いちいち説明している余裕はありませんが、学生を対象とした教科書とか講義録の類ならば、先生のもっと噛み砕いたご説明があるのではないか、と思いました。

ところが、神戸先生は、長年教壇に立っておられたにも拘わらず、教科書をまったく書いておられない。先生御自身の用いられた講義録も、残されていない。弱っていたところでありましたが、たまたまそれを知られた恩師の津田先生が、御自分の学生時代の講義ノートを見せてくださることになったのです。私が学校に残って間もない、助手か専任講師になり立ての頃かと思います。まことに有り難いことでございました。

津田先生から拝借したノートは、横書き中判の百ページ綴大学ノートで、民法総論が二冊、債権総論、債権各論、各一冊、先生独特の細かな几帳面な書体で、ぎっしりと書き込まれてありました。右側は、神戸先生が筆記を命じられた講義本文、左側が余白で、そこには講義中に神戸先生がなさった具体的事例などの説明が、図解入りで記載されてあり、実にていねいに整理された講義の記録で、驚嘆いたしました。

私は生来のずぼらで、教わった先生の講義を、聞いていればノートが取れず、ノートしていれば、お話が聞けないという劣等生でありましたから、このような素晴らしいノートには、初めてお目にかかって、圧倒されました。

私同様に、かねてから神戸学説に興味をお持ちであった、先輩の林脇トシ子教授と一緒に、この津田先生御筆記にかかる神戸民法ノートを、筆写いたしました。われわれ二人は冗談に、この作業を「御写経」と呼んだものであります。なにしろ当時は、複写の器具がまだまだお粗末かつ不完全で、複写したコピーの文字が一年半年もすると、自動的にきれいに消滅するような時期でありました。

この「御写経」をしてみて、昔の坊さんが、教典を一字一句ごとに写経することによって、経文の意味を勉強したことを、実感したものであります。画家が、昔の名画を模写することにも、おそらく同様の意味があるのではないか、と想像します。精巧なコピーの機械は勿論、便利で不可欠な道具でありますが、同時に人間の考える能力を、次第に退化させる機能を果たすこともまた、確かなように思われます。一得一失ということでありましょう。

このノートを筆写することによって、色々なことを知ることが出来ました。大学一年生（旧制）を相手とする講義ではありますが、その内容は、学問的レベルが極めて高度で、詳細にして緻密であります。例えば、同時履行の抗弁権のように、すでに論文や注釈書にお書きになっておられる箇所でも、講義では、もっと突っ込んで議論を進められている所もある。権利論や能力論、あるいは契約の効力論一般のように、ご著書では書かれていない、重要な部分も多い。もっともそのおかげで、講義は、どの科目も終わりまでは進行せず、いずれも未完結のままでありました（ただし債権各論のなかの、契約総則の部分については、このノートにおいて、初めて神戸学説の全体像が明らかとされています）。

この講義が行われた大正十二年といえば、例の関東大震災のあった年ですから、講義時間が例年よりも少なかったという特別な事情があったことは確かですが、ほかの先輩方の残された他年度の講義ノートと比較してみると、晩年の神戸先生の御講義の進度は、例年大体この辺りまでであったようです。

いずれにしても、このノートは貴重な資料であり、神戸先生の大事な学問的遺産です。どうしても世に出したい、出さなければならないと思いました。ところが、これをお書きになった津田先生が、なかなか、うんと言われない。これは、自分の未熟な学生時代のノートである。筆記は不完全であるし、記憶も怪しい。君たちが見るのは、君たちの勝手だが、公刊するべき性質のものではない。津田先生は、そう言われるのであります。

四　新版・神戸―津田ノート

初めて津田先生からノートを見せて頂いた時から、その公刊を、重ねてお願いしたのですが、なかなか先生のお許しが出ない。半分諦めかけている間に、先生は慶應を定年でご退職となられ、鎌倉の御宅に籠られてしまいました。ところが昭和六十年の春頃、突然に先生から新版の神戸ノート（民法総論の部分）をお送り頂いたのです。これは手書きの原ノートを、先生御自身がワープロの機械できれいに打ち直されたもので、しかも神戸先生の講義本文に付け加えて、津田先生に依る「質疑」という新しい項目が随所に設けられたものでありました（その後、同様にワープロによる新版の債権総論と債権各論のノートを頂きました）。

新たに加えられた「質疑」について、先生は、「後日の質問で先生の意見を確かめ得たる又は得ざりし問題点である」とお書きになっておられます。拝見しますと、その内容は、津田先生が、御自身の学問上の立場から、講義における神戸先生の学説を、質し、敷衍し、さらには評価を下しあるいは批判されたものであります。ここに本ノートは、神戸先生の「講義録」であるだけはなく、講義された神戸先生と受講された津田先生との学問的対話・討論としての「講義」となりました。これを、神戸―津田民法学と言ってもよろしいと思います。

その巻頭に付箋がつけられてあり、師宣わく「此の原稿は全体の約三分の一足らず（略々第一学期分）を収めただけの未完の原稿であり、而も推敲不十分にて、内容形式共に不完全なれば、此のままで公表することは差控へられたい」。

また釘を打たれてしまいました。

五　公刊

このような事情にあった時に、先に述べました福澤センターにおける慶應義塾の知的伝統というテーマに取り組む研究会に、たまたま出席する機会があったわけです。研究会の済んだ後で、すぐさま所長の内山君に相談を持ちかけ、同センターの機関紙である「近代日本研究」に神戸先生の講義ノートを掲載することの可能性を打診いたしました。同君の快諾を得、さらにセンター所員の川合隆男君また後任の所長となられた商学部の西山俊作教授のご支援を得て、ここに公刊の準備が整ったわけです。

あとは、強情な津田先生を、なんとか口説き落とすだけとなりました。

何しろご本人のお知りにならないうちに、勝手に事を運んだのですから、強引な話で先生よりお叱りを受けるのは、覚悟の上でありました。申し開き。神戸先生から津田先生に伝えられた学問は、津田先生お一人のものに非ず。それ「真理は万人によって求められることを自ら欲し、芸術は万人によって愛されることを自ら望む」（岩波文庫跋文）。真理のためには、あえて恩師に弓引くもやむなし等々。

まことに手前勝手で好都合な屁理屈を並べ立てて、お願申しあげ、ようやく根負けした先生より、公刊のお許しを頂いた次第でありました。先生は、この公刊のために、年来のご病気を押して、原稿をさらに補筆され、訂正せられ、さらに読者の便宜を図って全巻を通しての目次まで付けて下さいました。限りない恩師の慈悲に、不肖の弟子の果報ここに極まるというべきでありましょう。

ここに私の年来の夢が、めでたく叶いました。法学部発足百年を記念するにたる快挙、大いに自画自賛するものであります。津田先生のノートを御神輿にして、無理に担ぎ出した私の身勝手な百年祭（先生にとっては百年目、百年災？）の顚末は、以上の通りであります。

平成四年三月　不肖の弟子　内池　慶四郎　誌す

研究余滴

——神戸寅次郎著「契約解除論」を読む

一九九二（平成4）年「三田評論」九四〇号

三十数年ぶりに神戸寅次郎先生（昭和十四年逝去）の「契約解除論」（大正十年巌松堂刊行）を再読している。本書は出版当時から難解難読の書物として有名であるが、以前に読んだ時にも歯が立たなかった記憶がある。断片的部分的には、そこに展開されている議論の精緻さに感服しながら、全体としては、神戸先生がこの著作で一体何をお書きになろうとしておられたのか、そこが読み切れなかったのである。ここ数年にわたり、恩師津田利治先生による神戸民法講義ノートを公刊する仕事のお手伝いをしていたので、神戸学説の全体像を意識しながら、もう一度「契約解除論」を読み直して見ようと思い立った。読み切れずに何度となく挫折した「解除論」は、私にとって長年の宿題であった。

今回改めて読み直して見て今度は解ったか、と聞かれるといささか自信がない。本書の内容をどれだけ汲み取れたかという点は、やはり自信がないけれども、以前に読んだ時になぜ読めなかったか、という原因だけは次第に解ってきたような気がする。

神戸先生が本書で問題としておられるのは、民法第五百四十五条第一項但書に「第三者ノ権利ヲ害スルコトヲ得ス」という規定の解釈論である。この限定された問題の解決にいたる論理過程が、解除の複雑な効力の分析、その前提問題としての弁済行為の理解、物権変動論、無因行為論、弁済意思の合致論等々、多くの基本的問題の解決にかかっており、「解除論」はこれを丹念に追求して、累々たる思考を積み重ねて行く。実に「解除論」

は神戸学説の合致論・無因行為論・物権変動論など従来の諸研究の総合的な集大成であり、弁済行為の場面での具体的適用でもある。これら諸問題の相互関連を正確に追跡して行かないと、本書は解読が不可能となる。

思うに神戸学説そしてその代表作とも言うべき「契約解除論」が近時のわが民法学においてその場所を失っているのは、民法学が目前の目新しい課題に追われて、神戸説が問題としていた基本的課題に直面することを避け、これを受け取る学問上の基盤がいつの間にか失われていたからではなかろうか。私自身が以前に「解除論」を読み切れなかったのも、現在の民法学の趨勢に知らず知らず捕らわれていて、神戸説の基本的問題意識を捕捉できず、その全体像を本来の意味で了解できなかったからのように思われる。個々の断片的な議論を追うのに汲々として道に迷い、結局は木を見て森を見失ったということである。我執を離れて虚心に読むべきであったと、今は反省している。神戸学説の当否を議論することは、それから後の問題である。

一九九六（平成8）年「三色旗」五八二号

新著紹介

慶應義塾大学法学研究会叢書60『神戸寅次郎民法講義』慶應義塾大学出版会　一九九六年二月

定価六、七九八円　津田利治　内池慶四郎編著

一　本書は、慶應義塾法学部の大先輩である神戸寅次郎博士（元治元年生まれ―昭和十四年没）が、大正十二年三田山上で行われた民法講義（民法総論・債権法総論・同各論）を当時学部学生の津田名誉教授が筆記された講義録本文に解題を付したものである。数多くの教科書・参考書の類が毎年洪水のように出版されている現状において、大正年間の古い講義録を今更「新刊」として上梓し、これを紹介する意味はどこにあるのだろうか。

二　その理由の一は、言うまでもなく、ここに講義された神戸博士の学説の持つ大きな学問上の価値にある。当時の多くの法律学説のなかで、とくに神戸理論に見られる民法典各条に関する精緻な解釈論は、立法者意思を重視する独特の方法論とともに、日常生活に適応する具体的法適用の実践面においても、今日なお注目すべき学問的意義を保つ稀有な例といってよい。なぜにこれが可能であったのかは、現在あらためて検討する必要がある。

三　なぜに教科書でもなく参考書でもなく講義録なのか。その理由は、教室における講義こそ、講義する学者と受講する学生との最も根源的な学問的対話の場所であり、知的交流の時であるからにほかならない。講義は、学者の勝手気ままな独演会でもなければ、孤独な独白の舞台でもない。語りかける講義者と一心に耳を傾ける受講者との緊迫したコミュニケーションを通じて、生き生きとした学問の交流は初めて可能なものとなる。

四　学問という人間の営みは、常に古い過去から現在を通じて遥かな未来へと向かう連続した作業である。一人の偉大な学者の仕事は、次の学者の仕事の土台となり、更にその後の研究者へと引き継がれていく。この講義録のなかに、慶應義塾の学問がどのように受け継がれ発展進行して現在に

至ったかを、心ある読者に読み取って欲しいと念願する。

津田・横槍民法総論に感ずること

一九九七（平成9）年　私信

学者の仕事には、その人ごとに色々なやり方があるように思われる。

頭でする仕事もあれば、足で書く論文もあるし、手先でまとめる器用な書物もないではない。どれが良くてどれが悪いとは一概には云えない。夫々の仕事には夫々の効用があり、いずれも世の人々に貢献しているからであろう。かく申す筆者自身も、時と場合と必要に応じ今まで散々いい加減なやり方をしてきたので、あまり大きなことは云えません。

ここに津田利治著「横槍・民法総論」という一冊の書物がある。

付録を入れても百二十六頁ほどの小冊子である。おまけに法人の部の途中までしかない未完成の著述である。著者の津田先生という方は、「会社法の大意」とか「会社法以前」といった講義録に近い書物を書いて居られるけれど、何しろ論文をお書きにならないので有名な学者である（講義録・教科書・論文・レポート・ペーパー等の範疇論は大議論がありそうだが、ここでは立ち入る余裕がない）。

此の「横槍」にしても、その前に出された「神戸寅次郎・民法講義」にしても、先生ご自身がもともと出版される気がないのを、筆者が先生を拝み倒し脅迫して無理やり出版させてしまったようなもので、先生に書く気がないのは昔も今も変わりがない。

何故に津田先生はかくも物を書くことに無精かつ消極的であられるのか。

近頃になって、その消息がわずかながらわかってきたような気持ちがする。というのは、筆者自身がここ数年ある仕事に熱中していて、その問題について書きたい気持ちははやるのに、実際は一行も書けないでいるからである。

資料をかき集めて、論文の筋書きを設定して、さて書こうとすると書けない。

論文の主題に関連して、新しい問題やら見落とした問題やら、次から次へと出てくる。論文がまとまらないというよりも、まとめる暇がないのである。書く暇もないほど頭の中が忙しいのである。

そのうちに日が暮れて鐘が鳴る。

未熟な弟子が大先輩であり恩師である偉大な学者の気持ちを忖度するのは甚だ以て不遜である。しかし提灯と釣鐘、すっぽんと月ほどのレベルの違いはあるとしても、ひょっとしたら先生もこんなお気持ちかな、という気がしてきた。

昔先生に研究室で教わったことを思い出した。師曰く「君たちは本を読んでいる間だけ勉強していると思っているようだが、そうじゃない。読み終えた本を机の上に置いた時から勉強は始まるんだよ」と。その時は馬の耳に念仏で、ああそうかい、と思ったばかりであった。

大学者の本を読んだり、資料を追い回したり、勝手に論文の筋立てを考えている間は迷いがない。ところが自分の頭で考え始めると迷いが出てくる。ああでもない、こうでもないと行きつ戻りつ右往左往する。夢は枯れ野を駆け巡るばかりで考える自分が一番頼りにならない。

物を書くと云うことは所詮は見切り発車である。このへんでもう良かろうという諦めでもある。これをそのへんで諦めないところが、津田先生の執念でありその学問の凄さなのであろう。

本書の本文の最後の頁（一一七頁）に「以下未完部分予定目次」が掲げてある。

その厳しさに圧倒される。これを書き上げて頂きたいと願うのは弟子の甘えで、先生の学問にはそんな余裕はあるまいと観念する。

未完成の「横槍民法総論」には、未完成なるが故の重さと恐ろしさがある。

本物の学者の仕事とは、そして本当の学問とは、かくも怖いものかと唸るばかりである。

平成九年一月九日　内池　慶四郎

目についた鱗

——横槍民法総論随聞記

一九九七（平成9）年「流石」

一　狼火花火

目から鱗が落ちるという話をよく聞く。そういう感じは何となく分かるけれども、落ちる前の鱗は一体何処で目に着いたのだろうと思う。初めに良く見えた目が何かの拍子に見えなくなれば、鱗が着いたと言えるけれども、初めから見えなかった目に、突然に光明が差すことをこの言葉が普通は意味するのであろう。

そうすると人間は目に鱗をつけて生まれて来る

点で、魚類の進化した末裔か。

恩師の津田利治先生が齢九十を越えて出版された畢生の研究の成果たる著作がある。

「横槍民法総論」と題するその本の中で、先生は社団法人の社員総会の招集手続き方式に関して種々の例を引かれている。

曰く電話、使者、ラヂオ、テレビ、伝言板、また言葉文字以外の信号として「狼火花火、繋留気球、梵鐘、触太鼓」等々（一一二頁）

このご本を頂戴して、初めてこのくだりを拝見した時に、不謹慎ながら笑いが止まらなかった。

狼火を上げて召集されるのはインデアンの社員総会で、酋長が理事長として議長を務めているような気がした。

係留気球の告知となれば、二二六事件の「兵に告ぐ」とか第一次大戦を扱った小説「西部戦線異状なし」の情景が目に浮かぶ（塹壕の中の社員総会？）。

梵鐘で粛々と集まるのは袈裟を纏った坊さんたちの寂漠たる法会で、触太鼓は大相撲の地方巡業と言う趣がある。

どう考えても謹厳深刻な近代的民法典における法人制度を解明する実例とは思えない。

どれを取ってもいささか反時代的な例の羅列で、ひょっとして先生独特のユーモアか、肩が凝る論理展開の息ぬきかと受け取ったのである。

ある日突然に目から鱗が落ちた。

鱗の取れた目が開いて安心して踏み出そうとした足下に、底知れぬ穴が口を開いていた。

くだくだしい話を約めればこうなる。

民法典の中には意思表示や催告や多くの通知行為に関する規定が沢山あるが、それは殆ど全てが隔地者間の、しかも書面による通知を当然の前提としている。

対話者とか口頭の表示に関する直接の規定が何拠にも見当たらない。

民法六二条の規定する招集が「発信」で足りるか「到達」を要するか、という議論も招集状という書面が着くか着かないかという形でのみ論議されているのは、立法当時から現在の多くの学説まで共通した現象である。

このひたすらな書面重視という傾向は、ある意味では法律家の、お役人の、そしてお役所の世話になる平均的社会人の悲しいまでの生来的傾向といってもよい。

書面のない実生活が考えられないと言う事実は、いつの間にか我々の生活に書面以外の言葉や意思伝達の道があることを意識の外へ押し出してしまう。「物」としての「書面」という妖怪が独り歩きを始めて、何のための書面かは忘れ去られる。

民法六二条が規定している総会招集の通知を巡って従来の学説が「発信」か「到達」かに血道をあげる議論を重ねて来たことも、招集状という書面が、そもそも何を誰のために「告知＝了知」させるための道具であったかを何処かで失念していたのではなかろうか。

恩師が取り上げられた「狼火・係留気球・梵鐘・触太鼓」等の珍妙奇抜な例示は、現行法規が規定することを忘れた実生活の多種多様な場面を我々に告知するために、火の見櫓の上から打ち鳴らす夜半の半鐘…太平の夢を破る「警鐘」ではなかったろうか。

二　法律における理論と実用

民法典の立法過程について法典調査会でなされた当時の論議を、「民法議事速記論」で読み返すと、梅・富井・穂積の三起草委員を中心とする委員たちの起草態度が興味深い。

近時の学者は、その論議は今日の目から見ても驚くほどレベルが高く、利益衡量に努め慣習を顧慮するものとして高く評価し、それ以後の学説の観念論的な論争の不毛を嘆じている。

おそらくその慨嘆の対象は、例えば民法五二六条の契約成立時期をめぐる華やかな観念論争を指すものであろう。

この論争があまり実用性のない実り薄いものであったことには異存がないけれども、民法典起筆に携わった当時の一流学者達の議論が本当にレベルの高い有益なものであったならば、それ以後のわが国の学問がなぜ一挙に低劣な観念論争に堕落したものであろうか。

学者の資質が急に落ちたのか。学問の方法が退化したのか。

後世の概念論争に参加した学者達は、かっての偉大な先駆者たちから落ち零れた集団でしかなかったのか。

そうすると、かって「概念法学の極致」と謳われた神戸寅次郎の学説などは、有害無益な概念論争の花園に妖しい香りを放って絢爛と咲いた悪の華という事になりそうである。学問の後輩としては、そこの所が気になり疑問になる。

俗に親の因果が子に報いるという。

後世の堕落という、そのような現象が本当に起こったならば、その原因は矢張り民法典起草当時の論議あるいはその土台となった当時の学問自体に、何らかの堕落をもたらす種子があったのではなかろうか。

起草委員達とその後の学者達との間には、多かれ少なかれ、学問的に何らかの血の繋がりがあったと見る事が自然ではなかろうか。

例えば民法典の起草に当たった委員たちは、その共通の申し合わせとして実際の現実的便宜を立法の主眼に置き、理論を表に出す事をできるだけ控えようとした（これは明治民法に先駆したボワソナードの旧民法が、細かな定義規定が多過ぎてあまりに教科書的であるとの悪評があったことや、日本の慣習を無視したというような批判があった事情も影響したらしい)。

これはこれで一応健全な立法姿勢と言えるが、実際上の便宜・実用の重視という事は、また逆に独自の危険な落し穴がある。

これは立法作業の宿命とも言える事であるが、立法当時の目前の緊急の生活需要に囚われて、現実に生起しているあらゆる生活状況に目が行き届かないことである。

ましてや将来起こり得る生活の変化までは、慎重に予測し予め対応の処置を講ずることは至難のことである。

どれほど一流の学者、堪能な実務家を召集しても、全能の神ならぬ人間の立法には、おのずから限界があり、取り残し見落しがある。

具体例を拾えば、例えば民法九七条で意思表示の効力発生時期を発信時、到達時いずれにするかが議論されたが、ここでの議論は徹頭徹尾「書面」の発信・到達の場面に集中する。


一人の委員が「使者」を遣わした場合はどうなるか、と問題提起したところ、発信主義を主張する梅は、現在は郵便という便利な制度があるから、使者に手紙を持たせて相手方へ届けるなど、千に一つもないような出来事だ、として軽く一蹴する(もっとも質問者の方でも、書面を意識している点では梅と五十歩百歩であるが)。

ともかく此処には対話者の場合も電話の場合も論議には登場しない。問題なのは、「千に一つ、万が一」の例外は、初めから規定する必要がない、という素朴単純な「実用性」あるいは「実践的合理主義」なのである。

同様な議論は、民法六二条の社団法人の社員総会の招集手続でも出て来る。

理事や監事は会日五日前に社員に招集をしなければならないが、五日前に招集状を出しさえすれば良いという大勢の意見に対して、心配症の一人の委員が日本赤十字社のような多数の社員が遠い場所に散らばっているのをどうするか、と尋ねている。

起草委員の返答は届く範囲で出せば十分で、それで不都合なら定款で然るべく極めたら良いという。

これも当時の社会事情では電話を使うのは千人に一人、赤十字社のような大規模の社団も万が一の例外だと言う事なのであろう

言うなれば悲しいまでの書面主義、出しさえすれば仕事は了りというお役所的感覚と言うべきか(招集も召集も同じ事…承詔必謹…招集状は、総会に社員をお招きするのではなく、お上が呼出しを命ずる召集令状か)。

三　神戸学説

神戸先生の民法講義で意思表示の効力発生時期の説明を見ると、対話者―隔地者、また口頭表示―書面表示(先生は化形的―非化形的という区別を採用する)、さらには本人・代理人・使者・媒介といった通知・連絡の多種多様な組合せが万華鏡のように現れる。

先生はよほど暇を持てあましていたのだろうと思うのは素人の勘ぐりであろう。

このファナティックなまでの先生の分類・分析癖(人はこれを概念法学の精髄と見る)には、我々の生活に生起し得べきあらゆる場合を追求してやまない理論的努力の執拗な傾注がある。

立法は所詮理想と現実の妥協であろうが、神戸先生の学問には妥協がない。

立法者が見逃し、あるいは見逃さざるを得ない千に一つ万が一の可能性をも見落とすことを許さないのが先生の学問の辛い所であろう。

立法当時には異常・例外の現象が時代と共に普通な日常茶飯事となる実例は枚挙に暇がない。

今日の目で見れば、あの神戸先生でも気の付かれなかった現象は多々あるに違いない。

いわんや不平等条約改正の前夜、目前焦眉の必要に迫られて急遽作り上げた明治民法においてをや。ともかく千に一つ万が一の現実生活までも見逃さずに、現行法規の規制対象と突き合わせる神戸先生の意地悪な仕事は、実定法の規定内容の厳密な解釈となり、その不備欠陥を罵倒して（曰く『一大誤解ニ基ク一大謬見』！）、その顰蹙を買うこととなる。

いわば晒しに巻いた包丁一本（信義誠実・公序良俗・権利濫用その他諸々の一般条項）で持ち合わせのネタを裁き、低俗なお客の愚劣な注文に応じようとする高慢ちきな板前に世界の鳥獣魚類図鑑を突きつけるような具合である。

此処にあら捜しの名人にして意地悪爺さん小言幸兵衛たる神戸寅次郎は、無益な論理を駆使して無用な概念を弄ぶ「概念法学者」のレッテルを張られ、敬して三田の山上に遠ざけられた所以である。

法理学は立法・裁判の便宜と共に滅びるか。時々の便宜を越えた実学として生きるか。何ともしんどい話ではある。

一日、鎌倉の庵に暇を持てあまして御退屈様の老師と綱島の陋屋に為すこともなく寓居する不肖の弟子との電話器による会話は件の如し。

女子学生のそれにも勝る延々たる長電話なれど、老師は話されるほどに矍鑠として益々お元気、諄々と説き去り説き来たりて倦むことなし。

漸く法話尽きるほどに、哀れ老いたる弟子はしんき臭い長話に打ち疲れ、折角の鱗の落ちた目も翳み、手もとの老眼鏡をごそごそと捜す始末にてありき。

三田の山が輝いた日

一九九八（平成10）年「流石」

法学研究第五八巻一一号（昭和六〇年一一月）に、「資料」として、津田利治先生による「法は何処に?! 伊東乾君の法学『方法論の方法』を聴く！」という文章が載せられています。

昭和四五年五月頃から翌四六年末にかけて、おもに法学部法律学科の専任者が参加して、民事法学合同研究会が行われましたが、これは、そこでの口頭研究報告として、津田先生（第一回・第三回）と伊東先生（第二回）とがなされたご報告のうちの、第三回目の津田先生のお話の記録であります。

場所は毎回塾監局三階の第三会議室、参加者は二十数名前後で、学部の法律学専攻者のほかにも、政治学科の同僚教授や他大学の研究者、大学院学生諸君も加わっておられたことを記憶しています。

この研究会があった昭和四五、六年頃といえば、例の大学紛争が日本中を吹き荒れていた時期にあたり、慶應義塾のなかも年中騒然としていて、学部の授業も研究もおちおち手が付かない様な有様でした。

このように国中の大学関係者が、教師も学生も頭に血がのぼって右往左往している時に、私どもの恩師であり大先輩である津田先生が率先して法学方法論の研究会を主宰せられ、それに呼応して、学生問題で連日目の回るような激務のさなかにおられた学部長の伊東先生が論戦のお相手を買って出られたのですから、まことに壮烈な出来事でありました。

そのテーマがまた法解釈の方法論という、反時代的というか、超時代的というか、法学におけるあまりにも古典的、基本的な大問題でしたから、若い私たちは、当時仮眠していた知的好奇心をいたく刺激されて、勝手に無責任な血を沸かし、わくわくしながら研究会に集まったものです。

上野戦争当時の芝新銭座の昔は知る由もありませんが、慶應義塾に学ぶことを、あの時ほど嬉しく誇らしく思ったことは、ありませんでした。三田の山は、あの日眩しいほどに輝いていました。

あの時の津田・伊東両先生のご議論の内容は、「法は何処に?」のなかの津田先生による詳細な論述と、それに加えられた伊東先生の「片隅に誌す」という附記によって、その一端を窺うことができます。

お二かたの真摯で厳しいうちにも和やかなご報告の雰囲気を、今もありありと覚えています。

しかし恥ずかしいことながら、両先生の間に当日交わされたご議論の詳細な成り行きなどは、判然とは記憶しておりません。

これは、私の勉強が足りなくて、お二人の大先輩の高度な議論には到底口を挿む余裕などあるはずもなく、初めからついていけなかったことは当然のことながら、二人の名人の真剣な立ち会いを、竹矢来の外から怖わごわ、かつ興味津々と覗いている無責任な野次馬気分があったことも事実で、いまさら反省しても取り返しがつきません。

ただ、お二人の先生が、それぞれの学究として生きてこられた、二つの時代の精神を見事に体現しておられて(おそらくは第二次大戦すなわち、ドイツ法学におけるナチス期の前後)、それだけに抜き差しならぬ決定的なお立場の違いを、学問方法論のうえでお採りになっていたのではないか、と想像したものでありました。

あるいは、津田先生の解釈論と伊東先生の裁判論という、次元の別な物差しが、法という同心の対象を、それぞれ異なる規範的な数値で表現していたものであったかも知れません。

大きな重い宿題を抱えて、私たちは解散いたしました。

巨大な二つの天体が、法律学の天空を遠く交差する様を、はるかに天体望遠鏡で眺めているような、不思議な思いをいたしました。

私自身三田の山を去って年月を経た今も、あの時の熱い心の揺らぎと静かな感動とを忘れることはできません。

限りない畏敬と感謝の念をこめて、あの輝かしい一時を与えてくださった恩師であり先輩であるお二人の先生に、今後一層のご健康とご自愛をお祈り申し上げる次第です。

一九九九（平成11）年　私信

往復書簡

内池　大兄

御来示嬉しく拝受しました。

津田先生に何かあったのかと恐る恐る開封　案に相違した美しい数葉を発見して悦びが数倍したことを白状して置かなければなりません。津田先生のことです。御病気の方が恐れて退散することでしょう。

三十日の日は御親切に御案内下さいまして本当に有難うございました。当方から御礼状差上げぬうちにこの貴信を戴いたことについては何とも申訳のない気持ちがしています。失礼はどうぞ御寛恕下さい。

御同封下さった二十五日備忘。貴重な御文章です。私どものために天が大兄に命じて書かせた記録だと思います。大切に所蔵致しましょう。「師と弟子と」についての所感をこれに続けるのは本当は相当でないと思います。それ程に聖テレジア備忘は重要です。

でも卑見をお求めになっておりますので管見を附加します。碧巌録や聖書の高みにおいては物が言えませんし、大兄のような詩的な発想はできませんから、俗人的且つ散文的な感想と御承知下さい。

私はかねてから次の二つの話をよく人に語ってきました。

一つは、師弟関係というものは弟子の側にだけ棲みうるものであって、師が自分を師と認めた瞬間にケガれて消失するということ。

もう一つは、弟子は師よりも尊からずということがモノの本に見えているが、これが字義どおりの意味だとすると人間の文化は次第に衰退するだけだということになる。そうではなくて器量一〇〇の師についた弟子は苦労しなくとも八〇にはなれる。努力すれば容易に一〇〇になれるし、苦労と努力を重ねれば一二〇にもなれる。しかしどんなに努めても一五〇や二〇〇にはなれない。器量八〇の師についた弟子はどんなに努めても一二〇を出ることはできない、ということで、A大学に学ぶ学生の倖せとB大学に学ぶ学生の不幸とはここで岐れるということだ、教師はジキに「どうも学生が出来なくて」ということをいうが、そんなことを言うまえに自分を磨くべきだ、ということです。

右の二つはいま思いついたことではなく前々からの持論です。三田時代に談話室で生真面目さんに話したことがあり、八王子時代に車中で山田(恒)君や花房君に話したことがあり、御来訪下さった榊原君に拙宅で話したことがあります(他は何処かで誰に話したか覚えていませんが……)。

だからどうということは申し上げずに結論は大兄に委ねます。

一つだけ、今気づいたことを追加しましょう。

それは、本当の師弟関係が「師を心から敬恭する弟子のなかに師自身が『師』を感得するとき」に成立つだろうということです。勿論ここで師自身が弟子のなかに感じる『師』は師自身の「自分」であってはなりません。

以上の記述中の「師」「弟」も碧巌録・聖書・横槍中の「師」「弟」も故意にか無意識にか実は決して同じ意味では用いられていません。だが、そんなことは、賢明な大兄の遂うに見通しておられることでしょう。

そうした概念の整理を済ましたうえでの前記「本当の師弟関係」が津田先生と大兄との間に成立していることをテレジア記録から私は眩しく看取しました。

言葉は重なりますが「美しいこと」だと敢えて申します。

そうして「美しさ」に接しえた自分を幸せに思います。

有難うございました。

どうぞ必ず愈御健勝にお過ごし下さい。

二月二十日

またお目にかかれる日を

愉しみにしつつ

伊東　乾

拝復　二月二十日付けのお手紙を有り難く拝読致しました。

ほんの思いつきの低級な雑文に、あれほどご懇切にお答を賜りましたこと、まことに冷汗が出るような心地で御座いました。そして限りなく嬉しゅう御座いました。迷いながらも、なにか階段を一歩だけでも昇れたような気持ちが致しました。

先生のお言葉を、次のように理解して宜しいでしょうか。

一　師弟関係というものは弟子の側にだけ棲みうるものであって師が自分を師と認めた瞬間にけがれて消失するということ。

二　本当の師弟関係が『師を心から敬恭する弟子のなかに師自身が「師」を感得するとき』に成立つだろうということです。勿論ここで師自身が弟子のなかに感じる『師』は師自身の『自分』であってはなりません。

この一のお言葉は、私なりに考えますと、敬慕する師に対する弟子の心の中には、一点の私心・我執があってもならないということでしょうか。このことは師の側にもいえることであり、敬慕される己自身を「私」する私心・我執があれば、あるべき師弟関係は穢れて消滅することになる、という意味でしょうか。

本当の処、私は長いこと教職にありながら、教師としての自分に慣れることができずに今日まで参りました。弟子として教わることの喜びが自分を支えて参りましたので、師弟関係が「弟子の側にだけ棲みうる」とのお言葉は実感として、身に沁みてわかるような気が致します。

その反面私には「師の側」に立って考えることが難しいのです。

しかしながらこれではもっぱら一方通行でありまして、師弟の結びつきとしての「関係」を正確に捉えることが出来ませんから、以下に想像を致します。

お言葉の一に「師が自分を師として認める」こと、その二に「弟子のなかに師自身が『師』を感得する」ことと、この隔絶した意味の違いが重大なのでありましょうか。

おそらく一の「師が自分を師として認める」その「自分」は、あるべき「師」とは無縁の、自分自身を貴しとする我執・私心でしかないのでしょう。これに対して、その二に師が弟子のなかに感得する「師」とは、師「自身」そのものではなく、師自身をこれまで導いてきた、師自身に先行する、何らかのより高い存在でありましょうか。

若しこのように考える道筋に大過がないとすれば、先生の仰られる「本当の師弟関係」とは、師が弟子を「本当の弟子」として認めること、あるいは師が弟子のなかに「師」を感得することとは、師が弟子をみずからと手を携えて歩む学問の道連れとして認識することになりましょうか。

思えば、津田先生は、どんな不勉強な学生の稚拙な質問にも嫌な顔をなさらず、執拗なまでに丁寧に答えて下さいました。まして教壇の高みから、不出来な学生を軽蔑の目を以て見下したことのないお方でありました。一視同人、先生にはわが弟子、他人の弟子という区別もなかったように思われます。先生は、いかなる愚劣な弟子も「本当の弟子」として扱って下さった「本当の師」で御座いました。

まことに取りとめのないことを書き綴ってしまいました。

自分の撒いた種ながら、変な雑文を書いてお送りしてしまった後始末で御座います。なにとぞ御海容下さいませ。末筆ながら先生のご健康を心よりお祈り申し上げます。

敬具

平成十一年二月二十二日　　内池　慶四郎

伊東　乾　先生

津田先生の言葉

——平成十一年一月二十五日　聖テレジア病院にて

先生は、食事を受けつけられないまま、点滴を受けて、ベッドの上にお休みになって居られた。その傍らの小さな卓の上に、ご家族が書き取られた先生の回想録が、綺麗な小冊子に仕上がって載せられていた。「つむじまがりの一世紀」と題した表紙の白地に、くっきりと浮かぶ蔦の紅葉が、目に沁みるように鮮やかであった。

昨年末のクリスマスイブの日に、一時入って居られた平塚の保養所に伺ったところ、退院されたとの知らせを受けて、そのまま帰宅した。病気が快復されて、鎌倉のご自宅へお戻りになられたものと思ったのである。実際はそうではなくて、病状が思わしくない為に、七里ヶ浜の聖テレジア病院に移っておられたことを知らせてくれたのは、先生のお弟子さんである弁護士の関谷巖君であった。

その先生が目覚められて、手招きするように、ベッドの上から手を挙げられた。先生のお手を取ると、目を開かれた先生が言われた。「……ありがとう……今度は、もうだめだよ」

しばらく間を置いて、先生が言われた。

「……割れ目がある……割れ目がある。その割れ目の間に……主観的な意味が覗いている。その主観的な意味を、認識して呉れたまえ。そこに、法律学の生命線がかかっている」

低い、小さな声ながら、しっかりしたお言葉であった。

先生の指の、しっとりとした温もりを、手のひらに感じた。お答えする声も出ぬまま、私は、先

二〇〇〇（平成12）年「流石」

生の手を握っているばかりであった。

襟元にタオルをかき上げて、再びうとうととお休みになられた先生を残し、私は病室を出た。病院の外は、曇った冬の日が暮れて、七里ヶ浜の海も空も見えなかった。

先生が「割れ目がある」と仰った時に、「石の割れ目」あるいは「木の割れ目」と言われたようであるが、そのどちらか正確に聴き取ることが出来なかったのは私の失態である。その他にも先生のお言葉を聞き誤った箇所がないとは言えない。

恩師津田利治先生は、病院から一旦鎌倉由比ヶ浜のご自宅にお戻りになって後、平成十一年二月二十五日逝去された。

津田利治先生追悼記

一九九九（平成11）年「法学研究」七二巻六号

去る二月二五日、恩師津田利治先生が鎌倉由比ヶ浜のご自宅で逝去された。享年九四歳のご高齢であり、かねて覚悟していたことながら、その日が来てみると長年にわたってお教えをたまわった一弟子として言いようもない虚脱感と寂寥の念を禁じ得ない。先生が亡くなられた今、道半ばにして暗夜に導きの星を失った気持ちがする。

学部学生の時代より定年退職後の現在に至るまで、手を取るように法律学をお教え頂いてきた記憶を振り返ると、あまりに多くのことが脳裏を去来して到底何も書くことが出来ない。子が他人に父のことを語ることが難しいように、私には先生のことを語ることは難しい。

あえて言うならば、先生は私にとって慶應義塾そのものであった。先生を通じて慶應義塾に学ぶことの幸福を知った。先生の学問に惹かれて学校に残った。三田や日吉の教室や研究室あるいは鎌倉のご自宅を問わず、先生のおいでになる処には常に眩しいほどに爛漫たる学園があった。

不出来な学生を、教壇の高みから軽蔑の目で見下したことのない先生であった。私を含めてどんな不勉強な学生の稚拙な質問にも、先生はいやな顔一つなさらず常に親切丁寧に答えて下さった。侃侃諤諤たる議論に閉口して教室から逃げ出そうとする不心得な学生を、追いすがって教えられた先生であった。

学校に残ってからも、先生は一視同仁、わが弟子とか他人の弟子とかいう区別のなかった方であった。先生は、いかに鈍器非才の後進後輩も、ともに学問の道を手を携えて歩む同朋として、「本当の弟子」として扱われる「本当の師」であられた。

先生の最後の著作となった『横槍民法総論』の栞に、師と弟子との関係について、次の一節が引かれていたことを思い出す。「見　師と斉しければ　師の半徳を減じ　知　師を過ぐれば　方に伝授に堪えたり」と。

ここに見られるのは、ともに真理に向かって歩みを進める師弟なればこその、師の弟子に対する厳しい期待と要請であろう。そしてそれと同時に、ともに求める道に迷い悩む研究者としての師の側における優しく謙虚な人間のありかたを、師の弟子に対する無限の慈悲を、先生はこの一句に読み取られていたのであろうか。今となっては、先生にそれを伺う機会もない。

先生　安らかにお休みください。

平成一一年三月一一日

師と弟子と

二〇〇一（平成13）年　みなと会特別講義

久し振りに皆さんとお目にかかることが出来て、はなはだ光栄です。

　また今日は特別講義というもっともらしい演題をつけられておりますが、それはともかく、私が学生になった時に大学の講義を聞きまして非常にびっくりしたんですが、壇の上に上がった先生が九十分間つぎからつぎへと難しい話を立て板に水で、なんかえらい沢山色々な話を知っているもんだと感心したんであります。

　ところが実は、みんな種本がありましてね。講義ノートを用意しておりまして、最初に聞いた人はみんなびっくりするんですけれども、大体四年サイクルでもって講義ノートが作られております。

　従ってはじめに聞いた学生が卒業してくれると、それで次にまた新しい学生相手に始めればいい。

　ところが学校に長く留まっている連中がいて、同じ講義に二回、三回顔を出されるとやっぱり閉口しまして、ああこの話は前にしたことがあるんじゃないかな、また同じ駄洒落を出すと馬鹿にされるんじゃないかなと思うんでありまして。

　大体同じ講義を二～三回聞く学生はまともに聞いてる訳はないんですけれども、喋る方からするとやっぱり何となくやりにくい。

それで四~五年前に慶應を定年退職しまして、家でぐずぐずしているわけにもいかないもんですから、新しい学校へ行きましてちょうど四年目になりました。

七十年定年の学校ですから、来年からは晴れて自由の身になります。

さっき話をしたんですが、七十になると還暦の次は古希ですか、それでみんなで何かやろうかなんて話を先輩達がしておりましたけれども、考えてみると第一期の卒業生と私とそんなに年は開いていないんですよ。

丁度十年ぐらいの違いなんです。

第一期生の連中の還暦と私の古希が一緒になる筈なんです。従ってどうせなら第一期生の還暦をからかってやろうじゃないかという気になりまして、これを一緒にやったらどうかと思うんですがどうでしょうか。

卒業生の還暦というのはお目出度い話でありますから、こっちの古希よりそっちの還暦の方が面白いと思っているんですが、それを来年あたり適当に企画してやったら面白かろうと思います。

そういうわけで今行ってる学校は四年間で終わるワンサイクル。そういう意味で言いますと慶應の四十数年やった時間に較べますとかなり気楽ではあります。

それで今日のテーマでありますけれどももうだんだん話の種が無くなりまして、何を喋ろうかなと思っていたんですが、師匠とその弟子、師と弟子を今日のテーマにしてみようと思いました。

これは私が教わった大先生、おそらくあなた方の中でも古い連中は教わった筈ですが、津田先生という会社法の大先生がおられます。

数年前に九十六歳で亡くなられましたけれども、私が教わって何度も叱られた恐い先生であります。

その先生が九十過ぎてから本を出された。

これは特に民法の法人の部分を非常に詳細に書かれた横槍民法総論・法人の部というもので、その中に先生ご自身がちっちゃな栞を入れられております。

まあ本文と直接関係が無いという意味で栞に書かれたもので、それにこういうことが書いてあります。

弟子と師の関係につきまして、見（けん）、見というのは見識の見、見、師と等しければ師の半徳を減ずる、知、これは知識の知ですが、知、師を過ぎればまさに傳授に耐えたり。これはお坊さんの言葉と言うんですか、碧巌録という禅宗の名僧の言葉を集めた語輯がありますが、その中にある言葉を津田先生が採られました。

すなわち、もしも弟子の意見が教わった師匠とまったく同じならば師の半徳を減じる、徳が半分になってしまう、でも弟子の知識が師をすぎればつまり弟子の知識が師を凌駕することが出来ればまさに傳授に耐えたり、これぞまさしく弟子と言っていいのだ。

先生と同じ事を鸚鵡返しに言っているようでは先生としてはたいした事ない。

もしも弟子の知識が師を凌ぐようであればそれこそが弟子という言葉に値するのだという言い方であります。

要するに弟子は師を超えなければ、弟子とは言えないのだ。師を越えた時に始めて教わったまさに傳授に耐えたり、という事が言えるのであります。でこのお坊さんの言葉にすぐに続けて、聖書の言葉が出て参ります。

これは聖書のマタイ伝の一節ですが、弟子はその師以上の者ではない。

そして下僕（しもべ）はその主人以上の者ではない。弟子がその師のようになり、下僕がその主人のようになれば、それで充分であるという言い方であります。

まあこれは師匠はどこまでいっても師匠であり、主人と下僕の関係について言うならば下僕はどう頑張っても主人にはなれない。

だからせめて弟子がその師匠のようになれば充分であるし、下僕がその主人のようになればそれで充分と言わなければならない。常に師は尊いんで、弟子は師よりも尊からずという言い方をします。

これは考えようによってはまったく相反する考え方で、片っぽうは弟子は師匠を超えなければ弟子とは言えないぞという言い方をしているし、片っぽうは師匠はあくまでも師匠である。弟子は師匠以上のものにはなれっこないのだ、という言い方をしている。

津田先生は栞の中に二つの言葉を並べてさてどっちを取りましょう、どう理解したらいいでしょうということで「師とは」という質問をぶつけております。

先生ご自身の答えはどこにも書いてない。二つの答えを出して、はてな?という形で我々に問い掛けておられる。

私は実際には学校を出た後そのまま学校に残ってしまいましたから、ほとんど生涯を学校で暮らしてきた。そういう意味で実務の経験というものはまったくありません。

私の学校というものが慶應義塾でありますから、教えておられる先生は昔から自分が教わっている先生だし、自分の後から来る連中は自分の後輩ばっかり。

いうなれば非常に特殊な環境ということになりましょう。

結局は一生学校から外に出ず中に居たようなもので、そうなりますと師と弟子の関係はどういう風に考えたらいいのか非常に考えにくいんですが、慶應というのは先輩後輩というつながりが非常に強いものですから、弟子と師匠という関係をあまり実感しないで済んでしまう。後輩に対しても同じであります。

まあ一体これらはどういう風に考えたらいいんだろうなと津田先生から本を頂いた時にふと考えました。

ただ実際に永年学校で暮らしていると、こういう事をよく見ます。

場合によっては師匠が偉すぎて弟子が潰されてしまうというケース、これはよくありました。

ところが場合によって逆のケースもありまして弟子の方が元気良すぎて師匠とぶつかって外へ飛び出すというケースもある。

これはよく先生が腹を立ててアイツは破門にするなどと喚くことがあります。

これはどちらかというと弟子が師匠の下にいるという事が我慢出来なくなる。新しい事を言い出してそれでぶつかって飛び出す。

私自身は師匠が優しかったお陰で潰されもせず、逆にこっちに意気地がなかったせいもありまして外におん出ることも出来ず、どちらにもならずでありますけれども、まあこれはどういう現象であろうかと思うんでありますが、こんな事が言えやしないかと感じます。

弟子というのは師匠を中心として廻りながら色々と勉強をしなければならないですから、ちょうど太陽のまわりを地球とか金星とか惑星とかがぐるぐる廻っているというかたちになる。

この中心にある太陽と惑星との距離とか質量とか緯度とか、このバランスが完全にうまく行くと円軌道を描いてうまく廻る。

そうなりますとおそらくキリストの弟子達とキリストの関係は言うなれば円軌道を描いて廻って

いる。何時まで経っても太陽は太陽だし、惑星はそのまわりを巡る惑星でしかない。

これは聖書に出てくるような主人はあくまで主人である、下僕はどこまでいっても下僕であるというひとつの超越した関係であろうという気がする。

ところがこの均衡が時として崩れる、そうすると例えば惑星はその質量を失うとその軌道から吸い込まれていき、それで太陽に吸い込まれて消えてしまうというような関係がある、あるいはその惑星が元気が良すぎると軌道から外れて飛び出していく。

あるいは彗星のような楕円軌道になることもあるでしょうが一旦飛び出すとこれは永久に軌道を回復する事は出来ない。

まあ要するに場合によっては突っ込んで燃やされるか、あるいはおん出てどっかに行ってしまうか、色々な関係がある、こういう現象に多少似てるなという感じはしてました。

ただこれは話をごく単純にしたのであって、実は我々が教わっている時に師匠というのは一人かというと必ずしもそうではなくて、我々は一人二人三人多くの師匠を持つ事が実際にあります。

私自身も色々な勉強する上で色々な人に教わりました。そういう意味で言うなれば自分が廻っている中心がいくつも複数出てくることがありうる、そうなると自分の廻っている軌道は極めて複雑になります。

それである場合は太陽に近くなったり、あるいは遠くなったり一様ではない軌道を描く。

昔津田先生ご自身に師匠はどなたですかと伺った事がある、一人は神戸寅次郎先生であると言っておられました。津田先生はある意味で神戸先生の直弟子と言っていいと思います。

もう一人はドイツのフィリップ・ヘックという学者だということを言われました。

津田先生ご自身が二人の師匠が居ると言われたのであります。

実は師匠というのは自分より前にいる人、自分より過去の人かと言えば必ずしもそうではない。場合によっては我々は後輩から教えられるということがあります。

早い話が答案を見ている内にアッと思うことがある。何百枚もの答案を見ていますと百枚に一枚あるいは千枚に一枚ああっと唸るような答案がある。これは今迄気がつかなかったことをスパーっと書いている。そういうことが現にあります。

言うなれば教えている相手から教わるという現象ですね。

これは宗教の世界でも同じことがあるようで、例えば洗礼者ヨハネというのがいる。これはキリストが出てくる前にやがて偉大なキリストが来るぞということを預言した人です。

こういうような場合は、やがて後から来るより大いなるものに対して道を開くという役割を果たした。

そういう意味では洗礼者ヨハネというのは後から来るキリストに導かれ、少なくとも歴史的な事件から言うと、後から来るものが先に行くものを導くという状況がある。

師と弟子の関係は我々が普通に考えるよりも難しいと感じます。

私自身の経験から言うと、私は有り難いことにいつも自分の身近かにいい先生がおられた。

私自身は、自分の口から言うのは変ですが、割といい学生だったんです。先生の言うことを大人しく聞くいい弟子であったろうと思う。

ところがあなた方は良く知っていると思いますが、私自身は教えることがうまくない。

大体先生という意識がどうも持てない。

元来慶應義塾には、先輩後輩が集まってワイワイガヤガヤしているという雰囲気があったかも知れないけれど、僕自身は最後まで師であるという立場に立ち切れなかった。

特に年が開くと若い連中を捕まえて偉そうにあだこうだ言えますけれど、年が近いとおそらく一期生と私なんかはそれこそ還暦と古希ぐらいしか年が違っていませんから似たり寄ったりで、あの連中が私を師と崇め奉ったという感じがない。

それはそうだろうと思う。こっちだって相手が自分の弟子だという意識ははじめからありはしません。

特に今日はまだ来ていませんが、森元なんてのは慶應に来る前に四〜五年道草を食っていますから、彼と私は四〜五歳しか年の開きがない。

彼が来た時は学生とは思わなかった。

ひょっとしたら通信教育生かなんかの父親（おやじ）が来たのかな等と思いました。

そういう繋がりからすると私は師としての立場はなかなかとりにくかった。このこと自体私は少々反省しています。

ということは自分が師であるという自覚がないから教える気にならない。上手に教えようという気にならない。

その典型的な例が教科書を書かなかったことです。もっと上手に教えようという工夫が無い。自分がやっていることがやたら面白くて、自分がやっている難しいことを相手にぶつけるのが楽しくてしょうがない。

要するにキャッチャーをめがけてピッチャーが全力投球しているようなもの。

聞いている方は堪ったものではなかろうと思う。

特に若い先生が血気盛んで一生懸命細かいことをやって一生懸命相手に伝えようとしている。

学生にしてみれば迷惑この上無しの教師であっ

たろう。これはやはり教師としては困る。

今僕がよその大学で教えている講義をあなた方に聞かせたい。これは昔よりも遥かに上手だろうという教え方をしている。

黒板に今日の項目をきちんと書く。学生がそれを全部筆記し終わってから順々にひとつずつ説明して行く。

教科書なんてのは、出していると逆に説明しないで読んで来いということになる、碌に説明もしてあげない。

しかし教科書も何にも無い相手にいちいち説明しようとすると、あらゆる項目を黒板に細かく書いて大事な説明をそこに書き加えて行く。

それで学生が全部書き終わってから講義をする。これが意外と評判がいいんです。こんなに丁寧に教えてくれた先生は今迄居なかったと云って呉れます。

これは上手になんとか教えようとする心掛け次第なんです。その心掛けが慶應にいると駄目なんです。

初めてそういう形で教えることは大事なんだなと思いました。

小学校の先生だって先生になる前に黒板の使い方から教わるんですよ。どの位の間隔でどの位の大きさの字を書けば一番隅の生徒にも読めるかという具合に。

ところが大学の先生というのは教えるトレーニングというのが全然出来ていない。

やたら難しいことを学んでそれで学校へ残ってそのまま教え出すんですから。教師のテクニックとしてはもっともひどい連中が大学の教師になるわけです。

そうなると教わる方はかなり大変だということ

が判る。それでごく丁寧な授業を今やっているんで学生は喜んでくれるのです。

しかも熱心な学生は授業が終わると必ず質問に来るんです。それで「先生、これは何という字ですか」と聞きに来る、字の書き方がぞんざいで読めなかったんだなと思うものですから、ちゃんともう一度楷書で丁寧に書いてやるんです。


慶應の学生っていうのは生意気なんだ。字を知らないとは絶対言わない。そして教師の知らないことを質問に来る。教師を虐めると言う楽しさを知っている。

ところがよその学校に行ってみると全く違うんですよ。

僕が好きだと言うのはそういう心の貧しさ、知らない事に対してそれを知ろうとする好奇心、聞こうとする勇気、これは学問をやる上で大変大事な事だと思います。

慶應というのは非常にいい学校だったけれど反面気が抜けなかった。

そういう意味では少しくたびれました。

慶應を定年退職した時にはほっとしました。


今いる状況というのは、決して学校の格が下だとは思わない。やはり出来る学生はいるんです。ただ出来る学生は、自分が出来る事に気がついていない。慶應とか早稲田とかはとんでもない遠くにある学校だと思い込んでいる。

慶應だってピンからキリまで居るのと同じように、どこにいても出来る奴もいるし阿呆もいる。出来る学生に自信を持たせてあげるという事が大事なことだという気が今しています。

そういう意味では、なんとなく自分は教師になったのかなあという気はしないではないのですが、それはともかく、もうひとつの考え方つまり弟子は何時まで経っても弟子である。

それに対して別の考え方、師を越えて初めて弟子が弟子たりうる。

これをどう繋ぎあわせたらいいのか。


これはある先生に教わったんです。これはあなた方が知っているかどうか知りませんが伊東乾先生。僕が一番強烈な影響を受けたのは津田先生と伊東先生なんですが、伊東先生はこの二つのことは決して相反していないと言われるんです。

というのは、例えば力が百ある師匠の所へ行くと弟子はまあ普通にくっついていれば五十は判るだろうと。それで頑張れば百まで行くかも知れない。

しかしどう頑張っても百の先生に教わった時には百五十の所までは行けない。

確かに学問というのは進歩しますから何時まで経っても弟子が師匠を凌げない、これでは縮小再生産でありまして学問は滅びる。


伊東先生が言われるのは、ある先生とぶつかったという宿命によってその先生に教われば、例えば百の先生に教わると百二十までは行くだろう。しかしどうしても百五十までは行けない。

あるいは五百の力を持った先生の所へ行くと、頑張れば五百五十までは行くかも知れない。しかし五百七十までは行きようがない。

そういう意味で一旦結びついた師匠にどうしても影響される。それは師匠は超えるかも知れないが、しかし超えるにもやはり限度がある。


そういう風に考えれば師は何時までも師であるという考え方と、師を超えて弟子であるというのが両方並び立つんだという事を教わりました。

なるほどそんなものかなという気が今しているのですが、このように様々な考え方を教えてくれた先生方がおられたこの学校を私は有り難いと思います。
　そしてそのような先生に教わった事をはなはだ光栄に思っています。
　そして未熟な私に教わったあなた方ははなはだ気の毒だと思う。
　そういうことで「師と弟子と」というお話は、これでお開きにしたいと思います。

今泉孝太郎先生を偲ぶ

一九九五（平成7）年「三田評論」九六九号

　去る平成六年十二月十日早暁、名誉教授今泉孝太郎先生が逝去せられた。享年九十四歳のご高齢の故に、かねて覚悟していたこととはいえ、万感胸に迫り、申し上げるべき言葉も見出せない。昭和二十年代後半に日吉の校舎で民法（物権法）の講義を拝聴して以来、先生の下に民法の助手として残していただいて現在に至るまで、常に温かいご指導を賜った折々の先生の面影が脳裏を去来するばかりである。一学生として、一研究者一塾員としての生活において、先生は私にとって一人の恩師に止まらず慶應義塾そのものであった。

　先生は大正十五年に慶應義塾大学法学部政治科を卒業された。卒業と同時に先生は鐘淵紡績会社に入社されたが、恩師板倉卓三博士のお勧めにより昭和三年同社を退社され、慶應義塾大学助手として義塾に復帰された。昔の第二研究室のお部屋の窓際に、麗しい師弟の絆を示す一葉の写真が掲げられていたことを思い起こす。昭和三十一年に大著『新民法総則』によって先生が義塾賞を受けられた際に演説館の前で板倉先生とご一緒に撮影されたもので、本当に嬉しそうなお顔の先生のお写真であった。

先生は、慶應義塾に戻られてから昭和四十四年に定年退職されるまでの間、大学法学部・大学院において民法総則・物権法・研究会・私法学基礎理論・民法特殊講義等を担当されると同時に、現在の三田法曹会・司法研究室の源流である法律鑑定部（昭和三年創設）の活動発展に尽力され、その薫陶を受けた多くの研究者・法曹が輩出し、義塾の内外に活躍していることは周知のとおりである。先生は学外においても家庭裁判所参与員ならびに調停委員として、ご退職後も東京都公安委員として久しく公務に労を尽くされた。

昭和十年より三年余にわたり義塾派遣留学生としてドイツのブレスラウ大学でランゲ教授に師事された。時恰かもナチス台頭の激動期にあたり、先生は政治・社会思想の変遷と哲学、とくに現象学の方法論と法解釈学との繋がりを模索されたと伺っている。その主要な成果が結実したのが「新物権法論」や「新民法総則」などの精緻な体系書であり、また学位論文となった「農民法研究―農地法の新しい解釈―」は、この分野における独創的かつ先駆的研究として学界・実務界に高い評価を受けていることは今更言うまでもない。

先生はまことに多忙な方であった。学者・教育者として多数の論文著作や時事随筆を執筆されるかたわら、小泉塾長当時の学生部主事、教務監督、終戦後の義塾復興期における塾員課長、資金募集事務室主任、就職部長、法学部長さらに義塾常任理事として困難な時期の激職を歴任してこられた。比類ない学殖のみならず、磊落洒脱でありながら人に思いやり深く誠実懇切な先生のお人柄が、先生と苦楽をともにして戦後の難局を打開した当時の多くの教職員や内外の塾員にいかほどの感銘を与えたかは、計り知れぬものがある。

とくに、理事在任中の昭和四十年当時の学園紛争を、病気入院中の高村塾長を補佐して解決された折の先生のご努力とご心労は、筆舌に尽くし難いものがあった。あの頃、ご不在中のお宅へ参上した時に、奥様から「今泉は、毎日下着を新しくして学校へ行っております」と伺って、ご返事する声を失った。慶應義塾には恐ろしい人がいると思った。義塾は怖い所だと思い知らされた。今にして先生を失った慶應義塾の損失の大きさを知る。

「仏となるに、いとやすきみちあり、もろもろの悪をつくらず、生死に著するこころなく、一切衆生のために、あはれみふかくして、上をうやまひ下をあはれみ、よろずをいとふこころなく、ねがふ心なくて、心におもふことなく、うれふることなき、これを仏となづく。又ほかにたづぬることなかれ」。この道元の言葉に、恩師今泉孝太郎先生の面影を偲ぶばかりである。

人見康子教授を偲ぶ

一九九八（平成10）年「法学研究」七一巻六号

今年二月一日に、先輩人見康子教授の訃報を受けた。

昨平成九年七月ころ、たまたま時期を同じくして人見さんと私は信濃町の慶應病院に入院した。

人見さんの病室は新棟九階で、私はその上の十階に入った。病室から電話でお互いの病状を伝え合ったのが、生前にお話を交わした最後の機会になってしまった。

人見さんは、昭和二五年三月に慶應義塾大学法学部法律学科を卒業後、直ちに法学部助手に就任されておられるから、私が学校に残った昭和三二年の春には、七年ほど先輩に当たる先任助手であった。そのころの民法専任者といえば、恩師にして大先輩の小池隆一先生や今泉孝太郎先生は、第二研究室（現在の国際センター）に個室を構えておられた別格であり、田中實先生を筆頭に、宮崎俊行さんや人見康子さん、林脇トシ子さん、向井健さん（明治法制史）という大所帯が、当時の第三研究室の二階の北側の一室に雑居して机を並べていた。

民法関係者の出講日はほぼ共通していたので、いやおうなしに狭い一室に一同顔を合わせることになる。先輩の雑談や議論が絶え間なく交錯して、本も読めず、ノートの整理もできず、新米助手には甚だ気疲れのする場所であったが、その反面、先輩諸兄姉の日常的な人物像を目の当たりにする機会に恵まれた。あのころを思うと、汚く暗く狭苦しい研究室を背景として、議論に熱中する若い研究者たちの姿が、生き生きと浮き立って見えたような気がする。

人見さんは、モダンでお洒落で気がきいて、酒が強くて煙草をふかし、ダンスが上手である。田舎出の後輩の目には、まことに眩しいほど輝かしい存在であった。時あたかも民法典の家族法が大改正された直後で、民法学者がこぞって親族・相続法の新しい課題に取り組んでいた時期である。終戦後の法律学の分野に女性の研究者がまだ稀であった時代に、他学部・他大学に先駆けて、塾の法学部法律学科に、中谷、人見、米津姉妹、林脇という五人の若い女性研究者が颯爽と登場していたことは壮観であった。

同じ民法部屋といっても、人見さんの専攻は時代の先端を行く家族法の分野で、例えば当時問題となっていた人工受精というような最新の問題に取り組んでいたのに対して、私の方は古典的な財産法、それも古くさい、黴が生えたような問題ばかりに埋没していたので、彼女の新しい学問上の業績を云々する資格も能力も私にはない。ただその最新流行の衣装に装われた華やかな容姿の陰に、勝ち気で直情径行、一本気な気質と、恩師の小池先生や峯村先生に対するひたむきな尊崇の念を垣間見て、感銘を覚えたものである。

人見さんは、気の強い反面、妙に涙もろいところがあり、人に頼まれると嫌といえない性で、学生の面倒見が良かったのは勿論、他大学への出講や、家庭裁判所の調停委員や各省の審議会委員等の役職が多かった。無精者の私には、とうてい想像もつかない忙しさであったろうと思われるが、これも一つには、後進の女性研究者が社会へ出るための道を開こうとする、先導者としての彼女の思いやりであったことは確かである。

人見さんは、女性の門戸を開いた慶應義塾に登場した第一期の女子学生であり、第一期の女性研究者であった。慶應義塾大学法学部に就職して以来、定年退職の後も亡くなられるまで、学問の世界から実践の世界にわたり、文字通り常に現役の研究者として最後まで働き続けた人であった。戦後の困難な社会事情の下、劣悪な研究環境を、颪のように走り過ぎて行った先輩を、心から哀惜し敬意を表したい。

斉藤幹二さんを思う

今年の春、斉藤幹二さんが横浜の老人ホームで亡くなられた。

斉藤さんは、私も所属する横浜エアロモデラーズ通称YAMという模型飛行機のクラブの会員である。久しく病身のところを長年連れ添われた奥さんに先立たれて、ご苦労の多い晩年であったとのことである。大変な酒好きで、最後に入られた老人ホームに禁酒の規則がないことを喜ばれたと聞いている。その斉藤さんの好物が、第一番のお酒は別として、俳句とゴム動力の模型飛行機であった。

恒例の日曜日ごとに、森林公園で斉藤さんと模型飛行機を飛ばした。背伸びするようにかかとを浮かせ、痩せた体を精一杯に反り伸ばして、公園の斜面に新作のピーナッツ機を発進させていた斉藤さんの姿が目に浮かぶ。背伸びして見る海峡の……という風情であった。何かの折りに拙作の折りペラを差し上げたところ、お返しにジンのボトルを頂いて恐縮した。ジンとプロペラ、これも故人を偲ぶよすがとなった。

斉藤さんの製作は勇猛果断で、でき上がった機体の寸法が気に入らずに、一刀両断、翼の幅を剪定鋏で切り約めたという武勇伝があるそうだが、私は現場を見たわけではない。お世辞にも器用とか上手とは言えなかったけれど、その機体は作者のお人柄を映して、あくまでも生真面目でありながら、独特の超俗の風格があった。小手先の上手下手や飛ぶ飛ばないと言った凡俗の妄念を離れた、俳味とか禅味に一脈相通ずるものがあったように思われる。

二〇〇〇（平成12）年　出典不明

斉藤さんは優しく慎しい人であった。行方不明となった愛機を探して木立の間を独り彷徨う斉藤さんの姿には、奥の細道を辿る俳聖の面影があった。良い相棒の池田船長と二人のコンビを寒山拾徳図と評したのはクラブ会長の荒井氏であるが、言い得て妙である。

今頃は我々の手の届かない高い空の上で、一杯機嫌で模型飛行機を飛ばしておられるのであろうか。斉藤さんが居ない森林公園は限りなく寂しい。

平成十二年三月十七日

佐分先生を思う

二〇〇一(平成13)年「教養論叢」一一四号

昨年の暮れも押しつまった師走の早朝、奥様からのお電話で受けた佐分純一先生の訃報はあまりにも突然であった。年内の慌ただしいお葬儀が済んで二か月余を過ぎた今も、心乱れたままどうにも気持ちの整理がつかぬ状態で現在に及んでいる。昭和四十年代の学園紛争の頃から慶應義塾退職後まで長いおつき合いの時間の積み重ねに比べて、別れとはかくも唐突にあっけなく訪れるものであろうか。

二人で何かの映画を見た後どこかの喫茶店で、いったい二人のどちらが相手の追悼記を書くことになるかを戯れに話した記憶がある。まさか自分がそのかりそめの約束を果たすことになるとは夢にも思わなかった。ここでは、かって差し上げた手紙の一節と葬儀の日に読んだ追悼の言葉を記して、在天の先生に勘弁していただこうと思う。

＊　＊　＊

拝啓　過日はあの御労作「画家佐分真わが父の遺影」をわざわざ拙宅までお持ち下さり、誠に恐縮致しました。漸くにして読ませて頂きました。ここに「漸く」と申したのは、頂戴したご本の内容が実に重いからです。こたえました。若くして逝かれた父君と年老いた（失礼）その子との、長い時間を隔てた心の絆の強さに圧倒されました。唯々深く静かな感動に押しひしがれた気持ちが致しております。かねがね御話に伺っていた御父君佐分画伯のお人柄とその生活を、これほど身近に感ずるとは、想像もしておりませんでした。ご子息の文筆がここに描きだした父君の遺影は、ご本に納められた画伯ご自身の自画像と重なって、いつまでも世に残る名作と思います。

筆者は「親馬鹿」ならぬ「子馬鹿」と自嘲しておられますが、私にはそうは思われません。芸術の世界はまったくの門外漢ながら、果てのない仕事の重荷に悩みつつ幼い子を思う父の苦しみは、私にも体験があります（画伯がパリから郷里の幼な児に送られたというあの子犬の写真には泣かされました）。ここには、あまりに若くして逝った父に対する年老いた子の尽きぬ思慕と限りなく優しいいたわりとがあります。

故画伯の霊には、この本がどれほどに嬉しい慰めでしょうか。父の年齢をはるかに越えた子にして、遠く異なった生活環境と久しい時間を経て、このような親子の縁を結ぶ無限の慈悲が初めて成就するものでしょうか。年取って親に別れ、なお親離れのできぬ不孝者の私には、あまりに掛け離れた羨ましい世界をかいま見る思いが致します。

血は水よりも濃いというのでしょうか、読んでおりますと、淋しがりやで心優しいくせに正義感が強く、しかも胃腸が弱いという父君の描写は、いつしか佐分純一名誉教授の自画像にオーバーラップして、微笑ましい気がします。もっともご令息の方は、頑固一徹な関白亭主の暴虐を堪え忍ぶ美しくも優しい奥方の庇護の下に長寿を保たれること疑いありませんけれど……。

詰まらぬことを長々と書きました。浮世の雑務から心を解き放って魂を慰める素晴らしいご本を頂いた御礼かたがた、ご健康をお祈り申し上げます。

敬具

平成八年四月二十七日

＊　＊　＊

弔辞（平成十一年十二月十八日）

去る十二月十四日の朝、突然の訃報に接して愕然といたしました。

つい先日ご自宅でお目にかかった折のお元気なご様子からは、想像もできませんでした。あまりにも突然にあなたは逝かれた。今もなお、あなたの死と言う抜き差しならぬ事実を受け止める用意ができないままに、私はここに立って居ります。

あなたと私の出会いは、学園紛争の最中での学習指導の頃でありました。あなたは学徒動員で戦地に赴き危うく生還された戦前派のオールドボーイ、私は戦後間もない頃に塾で学んだ若い戦後派（生意気なアプレゲール）。あなたの専門が粋なフランス文学なのに対して私は野暮な法律学。いまわしい学園紛争の苦労と大の映画好きという趣味の一致が、専門も違い青春の時代も異なる二人の長い交友の発端でありました。数年来体調を崩されてお休みになって居られた部屋に掲げられていた大きな絵を、父君の描かれた女性像を思い出します。そしてまた、あなたの最後の著作となった「画家佐分真・わが父の遺影」の中であなたが吐露された父君に対する深い思い、若い父と年老いた一人子の美しい絆を思い出します。

今となっては、あの抑制されたペンが描き出した父君の遺影は、私に残されたあなたご自身の自画像のように思われてなりません。寂しがりやで正義感が強く、意地っ張りで癇癪持ちで胃腸が弱いと言う父君の描写は、そのままわが友佐分純一の在りし日の面影を生き生きと伝えます。父の思い出とその芸術を語る時の、少年のように輝くあなたの眼差しを私は忘れません。私たちを残して、今あなたは父君のところへ旅立たれた。

　父君が描いたあの大きな絵の下で、長年苦労を共にされたお優しい奥様やご家族に囲まれて人生を終わられたあなたを、私は幸福だと思います。余りにも若く世を去った天才画伯と、戦中戦後の厳しい時代を敢然と生き抜いて年老いたその一人子とが天上に再会されて、どのようなお話をなさっているのか、私は知りたいと思います。

　佐分さん、長い間本当にお疲れ様でした。安らかにお休み下さい。


二〇〇二（平成14）年「流石」

君が手に

　去る平成十四年早春二月に、須藤次郎先生が急逝された。

　先生は国際私法の専門家で、慶應義塾法学部で長いこと国際私法のほかに民法やフランス法を担当されておられたから、みなと会の会員の中にも先生に教わった人は多いであろう。

須藤先生は、先に亡くなられた今泉孝太郎先生の門下生で、私の兄弟子にあたる。私とは一回り上の申年生まれの大先輩であったが、私が慶應義塾に残って以来定年退職後の現在まで、公私にわたり文字通り実の弟のように可愛がっていただいた。大阪に去られてからお目にかかる機会は減ったけれども、時たまの電話を通じてお元気な様子をうかがっていたので、突然の訃報に接して愕然とした。

義塾法学部機関誌の法学研究に寄稿した追悼記の一節を以下に転記して、先生のご冥福を祈りたい。

平成十四年十二月二十一日

「須藤次郎先生を思う」

君が手に　結びたまひし　紫蘇の実ぞ

寿楼

故須藤次郎先生から、二十数年以前に頂戴した一句である。「寿楼」は先生の俳号である。私事にわたって恐縮であるが、そのときの経緯を、先生のお人柄を伝える大事な思い出として、ここに記しておきたい。

両親の期待を裏切って家業を捨て、故郷を離れ学校に残った不孝者の私を、親はなお許し終生愛してくれた。母は若い時からほとときす派の俳人であったが、一日手紙を呉れ次の句を託した。

問いかけむ　君は遥かに　こぼれ紫蘇

たまたまこの事情をお知りになられた須藤先生が、俳句の素養のない私に代わって、あたかもご自身が遠く離れた親に答えるように、詠んでくださったのが、冒頭の一句である。わが子にかけられた人の情けに、田舎の親は、どれほどに慰められたことであろうか。

背いて去った子をなお慈しむ親の慈悲に竦む子の哀傷を、わがことのように受け止めて答えて下さった先生の温情に、わたしは言うべき言葉も見いだせない。

思えば、先生ご自身が、遠くブラジルの故郷を離れて日本に留学し、戦中の学徒動員に応じ、また戦後の慶應義塾復興の困難な時代を通じて、学問と教育に身を捧げられた方である。人心の荒廃したあの時代にあって、人の痛みをわが痛みとされた先生に育まれて、いかほど多くの弟子や後輩が義塾法学部を巣立っていったことであろうか。「君が手に」の句を読み返す時、亡き老母の手に重ねて、先生の手のぬくもりを今更のように感じ取るのである。そのような先生の傍にあって過ごすことができた私自身の幸せな日々を深い感動をもって思い返すばかりである。

在天の先生のよき御霊の平穏ならんことを

平成十四年五月三十日

夢に夢みる

許したまへ　君が御眉にわが唇づけるを。
かつは許したまへ　別るゝいまのわが誓いを。
君が御言葉は　実にまことならむ。わが過ぎし日々は
うつつなる　この世の夢に過ぎざりき。

さあれ　若しわが望み日に夜に
うたかたのごとく消え去り行くとも
なおわが望み　かたみに留まらずや。ありとあるこのうつし世は
うたかたの　夢に夢見る夢なれば。

潮騒のとよもす浜に　ひとり立ちて
われは握りぬ　黄金なす砂。

あはれ　一握の砂よ
わが指の間より　さらさらと
そは流れさるにあらずや。
わがなげきの尽きせぬうちに　さらさらと
そは流れ零れるにあらずや。

神よ　わが指のいかで　かくも力なきや。
神よ　無情の波の深みより　いかでわが手は
一粒の砂を救ひえざるや。
ありとあるこのうつし世は　うつろなる
夢に夢見る夢にすぎずや。

エドガー・アラン・ポウ
内池慶四郎 訳

A DREAM WITHIN A DREAM

Take this kiss upon the brow!
And, in parting from you now,
Thus much let me avow—
You are not wrong, who deem
That my days have been a dream;
Yet if hope has flown away
In a night, or in a day,
In a vision, or in none,
Is it therefore the less *gone*?
All that we see or seem
Is but a dream within a dream.

I stand amid the roar
Of a surf-tormented shore,
And I hold within my hand
Grains of the golden sand—
How few! yet how they creep
Through my fingers to the deep,
While I weep—while I weep!
O God! can I not grasp
Them with a tighter clasp?
O God! can I not save
One from the pitiless wave?
Is *all* that we see or seem
But a dream within a dream?

第三章

法と言葉

法と言葉

――シェイクスピアの戯曲にみられる約束の力と解釈の問題

一九八八（昭和63）年「教養論叢」七七号

一　法と言葉の問題

はじめに言葉があった――ヨハネ福音書

わが国最初の近代的民法典として明治二三年に制定公布された旧民法は、合意の解釈方法について、その財産編三五六条に、次のような規定を設けている。

「合意ノ解釈ニ付テハ裁判所ハ当事者ノ用ヰタル語辞ノ字義ニ拘ハランヨリ寧ロ当事者ノ共通ノ意思ヲ推尋スルコトヲ要ス」(1)

この条文を起草したボアソナード（Gustave Emile Boissonade 1825–1910）は、この規定は、裁判官が合意の内容を解釈する際に協力すべき目標を与えたものであるとして、以下のように説明している。

「凡テ合意ニ於テハ結約者ノ意思、法律ヲ成スニ因リ先ツ第一ニ此意思如何ヲ繹ヌヘキヤ瞭カナリ。此意思如何ヲ発見スルハ幾ント常ニ結約者カ用ヒタル所ノ文詞中ニ於テスルヤ疑ヲ容レサルナリ。然ルニ総テ国語ニハ其固ヨリ不完全ナルモノアルノ外ニ又結約者カ語方ヲ解セス而シテ不備若クハ疎漏ニ言語ヲ説話シ及ヒ記録スルコトアルヘシ。是ニ於テヤ『宜シク結約者ノ用ヒタル文面ノ意義ニ固着スヘカラス』ト云フ第一ノ規則アリ。右解釈ノ規則ハ殊ニ記録シタル合意ニ適用スト雖モ而モ亦口頭ノ合意ニシテ其重要ナル語ハ結約者之ヲ認知シ又ハ証人之ヲ証明セラルヘキモノニ適用スヘシ。日本ニ於ケルモ猶ホ諸外国ニ於ケルカコトク同語ナレハ何レノ場所ニテモ必ス常ニ同義ヲ有スルニアラス。即チ各地殊別ノ慣習ハ特別ナル景況ニ由テ終ニ之ヲ成シ世々相伝ヘテ今日ニ存スルモノナリ。且立法者ハ善ク其職権ヲ以テ尺度量衡ニ、貨幣ニ、法律ニ、其一様ノ体裁ヲ設クルヲ得ヘシト雖モ国語ヲ規定セント欲スルニ至テハ已ニ大ニ其職権外ニ渉リ縦シヤ之ヲ規定セントスルモ恐ラクハ常ニ其効ヲ奏スルコトナカルヘシ[2]」。

ボアソナードはここで、契約当事者にとって、合意により共通一致した当事者の意思が法律となる故に、裁判官は、合意を解釈する際には、当事者の一致した意思が何かを探求するべきであって、当事者が用いた個々の字句の意味に拘泥してはならない、と説いている。とりわけ注目されることは、ボアソナードが、同じ言葉でも各地の慣習により意味が異なることがあるとして、言葉の多義性に留意し、立法者といえども、言葉（langue）を画一的に規制することは、その権限を超えたことであって、たとえこれを企てても挫折するであろう、と断定していることである。

熱烈な自然法学者として来朝し、その生涯をかけて倫理的法理念を近代日本の法典の中に実現しようとしたボアソナード[3]。その彼が、当事者にとって「法律（loi）ヲ成ス」とする「合意」（convention）とは何か。また立法者の権限を超えるものとして、実定法に先行し、優越する言葉（langue）とは何か。そして結局、法と言葉との結び付きを、われわれはどのように理解すればよいのか。ここにボアソナードによる、法と言葉の関係についての、今日なお新鮮な問題提起を見出すことができる。

およそ人間が言葉によって社会に加わり、言葉によって行動するものである以上、社会生活を規律する法の領域においても、規制の対象としての言葉が問題となることは、いうまでもない。この意味で、ボアソナードがとりあげた合意の解釈の問題は、私法における契約理論ないし意思表示学説上の古典的な課題の一つである。さらに規制する法それ自身が、言葉によって定立され、言葉を通して運用され、言葉として宣告されるものであるところから、法における言葉は、多くの法学固有の問題を生みだすことになる。例えば、法規の解釈により法の内容を発見し確定する方法としての、法解釈の方法論は、公法、私法を問わず、実定法全般にわたる共通の基本的問題であるし、法が現実の訴訟に実施される上で、法文がどのような表現形式をとることが、法実現の上で、正確さ、結果の妥当性あるいは事務処理上の能率を保証するか、といった表現構成上の問題も生じている。

しかし、筆者が本論でとりあげるのは、これらの従来の法学の枠の中における言葉の問題ではなく、むしろ個々の実定法に先行するものとして、実定法がみづからの前提として措定する現実生活の中の言葉について、そこに内在する法的意味をさぐること、すなわち言葉のうちなる法を考えてみることである。(4) このような意味で、言葉における法的なものとのかかわり合いにおいて、法における言葉という法学本来の課題にも、新しい視野が開けることが、期待できるように思われる。

文学の門外漢・素人である筆者が、本論でシェイクスピアの作品を、その対象にとりあげたのは、もとより文学論として新しいシェイクスピア解釈をうち出そうとするものではない。そこには、法律の門外漢・素人であるはずのシェイクスピアの目を通して、現実生活上の言葉に内在する法的なものの核心が、晦渋な法律用語を使わずに、日常の言葉で、生きいきと描かれているからである。言葉における法の具体的でありながらしかも典型的な姿を、われわれは、彼の戯曲にみいだすのである。

(1) ボアソナードにより起草された本条の原文。

Dans l'interprétation des conventions, les tribunaux doivent rechercher l'intention commune des parties, plutôt que s'attacher au sens littéral des termes par elles employés.

この旧民法の規定は、現行民法典の編纂に際して、おそらくは、当然の内容だから明文化する必要がないという理由から、削除されている。ボアソナードは、フランス民法一一五六条の規定を旧民法に承継したものであるが、ドイツ民法一三三条、一五七条（現行民法典制定当時には、ドイツ民法第一草案七三、三五七条、同第二草案九〇、二一七条）、オーストリー民法九一四条等にも同旨の規定がある。上記各民法典の条文は次のようなものである。

Art. 1156. Code civil, On doit dans les conventions rechercher quelle a été la commune intention des parties contractantes, plutôt que de s'arréter au sens littéral des termes.

§133. BGB, Bei der Auslegung einer Willenserklärung ist der wirkliche Wille zu erforschen und nicht an dem buchstäblichen Sinne des Ausdrucks zu haften.

§157. BGB, Verträge sind so auszulegen, wie Treu und Glauben mit Rücksicht auf die Verkehrssitte es erfordern.

§914. ABGB, Bei Auslegung von Verträgen ist nicht an dem buchstäblichen Sinne des Ausdrucks zu haften, sondern die Absicht der Parteien zu erforschen und der Vertrag so zu verstehen, wie es der Übung des redlichen Verkehrs entspricht.

現行民法典の編纂にあたり参考とされた諸外国の法典については、福島正夫編、明治民法の制定と穂積文書四一頁以下参照。

（2） ボアソナード氏起稿、再閲修正民法註釈・第二編人権三〇八頁に訳文に拠る。Boissonade, Projet de code civil pour l'Empire du Japon, tome II, 1891, 234-5, P. 271

（3） ボアソナードの生涯と業績とについては、大久保泰甫・日本近代法の父ボワソナアド・一九七七年（岩波新書）に詳しい。

（4） 実定法からはなれて、約束という社会的行為（soziale Akte）に特有の創造的作用に着目するものとして、例えばライナッハの研究 Adolf Reinach, Anspruch, Verbindlichkeit und Versprechen（Zur Phänomenologie des Rechts, 1953, S. 21f.）、また言葉の伝達と創造における二重次元的構造（Zweidimensionalität der Sprache）から、多義性を伴う日常言語が訴訟における責任判断に及ぼす意義を重視するカウフマンの研究 Arthur Kaufmann, Recht und Sprache（Beiträge zur juristischen Hermeneutik, 1984, S. 101f.）、さらには、私法における契約締結行為としての約束について、言葉の規範創造性（performative utterance）を指摘するバイラスの研究 Demetrios Bailas, Das Problem der Vertragsschließung und der vertragsbegründende Akt, 1962, S. 69f. などが法における言葉の問題を、言葉それ自体の側から再検討する試みとして、注目される。

二　ハムレットの「言葉」――約束の拘束力と言葉による規範創造

言葉、言葉、言葉――ハムレット第二幕第二場

「契約は守られるべきである」（Pacta sunt servanda.）。大学における契約法の講義は、たいていこの一句から始められる。これにひき続いて、守られるべきものとしての契約の定義、内容が説明せられて行くのであるが、それでは何故に契約というものが、守られるべきなのか、という説明は、あまりされることがない。契約を守るべきことは、当然であり自明のこととして、契約法の講義は終始する。民法や商法といった実定法の規定をみても、そこには、売買・貸借・請負のような個々の契約について、代金の支払、品物の引渡し、返還などの時期や方法、あるいは違約した場合の賠償等々すなわち契約の内容とか効果に関する詳細な規定はあるけれども、その前提である契約の拘束力の根拠そのものについては、実定法は答えていない(1)。

しかし法律家が、そして法（実定法）が、当然の前提として出発点に措定する事柄――ここでは契約＝約束の拘束力――は、われわれの生活経験の上でその存在は疑ないとしても、何故にそうなのかということは、必ずしも自明なものではない。法が、当然の前提とする人間そのものについて、そして人間の言葉について、未知の領域はあまりに広いのである。法律家が従来一定の事柄を、当然自明のこととして法の枠外に置いたことは、それ自体として実務的態度であり、専門家の自己抑制として良心的態度であるとしても、問題は法の枠外に移されたまま、依然として未解決に残っているのである。

それでは、実定法の枠をはなれて、より日常的な視野において、言葉の中の法的現実をみるとすれば、それはどのような姿で生活の中に登場するだろうか。仮構の中の現実として、ハムレットの悲劇をとりあげてみよう。

　この戯曲は、デンマークの王子ハムレットが、現王に殺害され王位を奪われた父の復讐をはたして、自分も命をうしなうという、単純なストーリーである。興味があるのは、ハムレットは、他から強制されたり、あるいは激情にかられて衝動的に父の仇を討ったわけではなく、城壁の上で出合った父の亡霊に対して、その復讐をすることを誓い、約束したこと（I have sworn't.）（第一幕第五場）から話が始まり、その約束の成就によって、幕がおりるという、全体の構成である[2]。その発端で至難な約束をしてしまった小心で誠実な青年が、みづからを縛る自分の言葉—約束—の拘束から、約束を実行することによって解放されるまでの内心の葛藤が、劇の全編を覆うハムレットの憂鬱な気分である。

To be or not to be という、あまりにも有名なハムレットの独白（第三幕第一場）も、約束という前記の観点からみれば、主人公の単なる厭世観とか死一般への恐怖といった問題ではなく、やるか、やらないか、という約束した行動への決断が問われているものと思われる。父の亡霊と約束した自分の「言葉」の重荷は、正直なハムレットにとって、いまや耐え難いものとなっている。約束という行為によって表現された彼の決意が、その後にくる憂鬱の青ざめた反省のために、色あせてしまう。「いっそ死んでしまった方が」その責任から逃避できよう。しかしハムレットが約束の実行を断念することは、自分の言葉についての違約—背信として、倫理的自殺を意味するであろう。ここで、やるか、やらないか、という決断の問題は、結局ハムレットにとって、倫理的、規範的意味での生か死かの選択の問題となる。

　このようにみてくると、城内の宮廷で、ハムレットとポローニアスとの間に交わされる異様な会話（第二幕第二場）が想起される。

ポローニアス「ハムレット様、なにをお読みで?」(What do you read, my lord ?)

ハムレット「言葉だ、言葉、言葉」[3](Words, words, words.)

何を読んでいるのか、というポローニアスの問いかけに対するハムレットの返答は、まことに奇妙である。本のなかみは言葉には違いないから、「言葉だ」(words)と答えるのは間違ってはいないが、答になってもいない。ポローニアスは、この肩すかしに迷い、自問する。ハムレットは正気を失っているのか、それとも言葉の遊び―冗談―か、あるいは何か重大な意味を伝えようとしているのかと。

この問答の伏線として、ハムレットはポローニアスに対して、ポローニアスが正直(honest)者かどうかを執拗にただしている[4]。正直者の言葉(man of his word)とは約束にほかならないから、先王を弑逆した現国王の手先きである不実な廷臣ポローニアスの正直を疑い、「言葉」とくりかえすハムレットの真意は、「言葉」(words―本、約束、違約)という表現の曖昧さ、多義性のかげに、先王に対するポローニアスの背信をとがめる痛烈な弾劾を秘めたものであろう[5]。怜悧なポローニアスは、ハムレットの「言葉」の意味を正確には了解できないままに、ハムレットの狂気に何か筋が通っている危険なものを感じとるのである。

正直者の言葉―約束あるいは誓い―に対するハムレットの異様なまでの執着は、劇の随所にみいだされる。「弱いものよ、それが女か」(Frailty, thy name is woman !)(第一幕第二場)とハムレットが嘆く母の弱さ(frailty)とは、夫婦の誓いを守れない心の弱さであり、彼はその母を「夫婦の誓いもばくち打ちの約束ごと同然に」(marriage vows as false as dicers' oaths)破ったと面詰することになる(第三幕第四場)。

王やポローニアスの企みの道具となるオフィーリアに対しても、ハムレットはいきなり、「お前は嘘のつけぬ女か」(are you honest ?)とただす。オフィーリアの嘘―不正直―背信に対するハムレットの告発が、「尼寺へ行け」(Get thee to a nunnery）という言葉になる。「尼寺」（nunnery＝brothel 娼家）という言葉の二重の意味が、さきのポローニアスに対する不正直者（fishmonger）の「言葉」に照応して、純真なオフィーリアの心を傷つける、きつい皮肉となっている[6]。

　結局ハムレットという戯曲は、全編を通じて約束、誓いとその成就あるいは背信という主題に貫かれているのであり、ここには、約束の言葉がもつ独特の力によって、生活の中に特殊な新しい情況が創造されること、そしてその力は、それにかかわる人々を生死の境にまでかり立ててゆくことが描かれている。この意味で、ハムレットは、言葉―約束の悲劇といってもよいであろう。

（1）　一般に契約の法的拘束力の実定法上の根拠づけとして、契約自由ないし私的自治 Privatautonomie の理念が援用される。すなわち近代市民社会では、私人の生活関係は、私人の自由な自律的形成に委ねることが合理的である故に、法律行為とくに契約は、当事者の意思に基づいて効力を発生するところから、この法理念を実現する最適の手段として、法がこれを容認し、支持するものである、と説かれている。しかしここでは、契約の自律的規範創造力を前提とした上で、何故に法がそれを支持し保証するか、という実定法の側の理由づけがされているだけで、私的自治の内容と契約の拘束力とは同義語でしかない。実定法が一定の要件の下に支持し、あるいは放任し、また時として禁圧しようとする契約それ自身の拘束力がまず問題なのである。

（2）　死人―亡霊と約束ができるかどうか、また復讐の誓いが有効か否か、といった点は、ここでは問題ではない。亡霊が復讐の誓いを立てよとハムレットに迫り、ハムレットがこれに応じた故に、ファウストがメフィストと約束したのと同様に、ハムレットは自分の言葉に支配され、拘束されることになる。

　わが国の忠臣蔵の芝居では、復讐に参加する家臣の間には参加の誓い（連判状）があるけれども、亡君の仇討ちという規範を導きだすものは、君臣の身分関係という宿命的なつながりであって、復讐についての約束が亡君と家臣との間に、とくに言葉によって、なされているわけではない。

（3）福田恆存訳・ハムレット（新潮文庫）六一頁の訳文による。
（4）ポローニアスは、ハムレットの狂気をたしかめるために、自分を知っているか、とたずねるが、この問いかけに対して、ハムレットは、お前は「魚屋」（fishmonger）か、と反問した上で、せめてあのくらい正直（honest）であってほしい、とけ加える。
　fishmonger = a seller of woman's chastity = fleshmonger, bawd 従って、福田恆存訳は「女郎屋の亭主」とある。
（5）「言葉」（words）というハムレットの返答は、お喋りなポローニアスに対する皮肉ともとれるが、ハムレット自身はまた、ポローニアス以上の饒舌家である。
むしろここでは、約束とか誓いとしての「言葉」（word）あるいは違約、背信としての「言葉」（words）—二枚舌—の意味と理解すべきであろう。「言葉」が約束とか誓いと同義語として用いられていることは、多くの国語に共通して認められる現象でもある。例えば、男の一言、武士に二言なし、Ein Mann, ein Wort; Wort geben; la parole d'homme; homme de parole; avoir deux paroles, etc.
（6）前出注（4）参照。a fishmonger's daughter = 売春婦 a prostitute が尼寺 nunnery = 娼家 brothel に対応する。

三　ポーシャの判決——約束の意味と言葉の解釈

さあ、肉を切りとるが良い。血を流してはならぬぞ。
——ヴェニスの商人・第四幕第一場

言葉は意味を創造し、これを伝達する。言葉から、その意味を探索し、確認する作業が解釈とよばれる。解釈としては、ロゼッタ・ストーンの銘文の解読も、文芸作品の鑑賞も、契約文書の解釈も、それほど変わりはない。要は、発言者の伝えようとした意味内容が、相手方に正しく理解されれば、言葉はその役目を果したことになるのであり、言葉は、発言者と相手方との間の了解を目的とする行為であり、解釈は、この目的に達するための努力ということになる。

ここで問題としている約束についても、何を約束したのか、という約束の内容の確定をまって、はじめてその成就とか違約といったことが定まるのであるから、約束がなされた瞬間から、約束がそもそもなされたか否かという判定をも含めて、約束における言葉の解釈の問題が生ずることになる。ところが、言葉は元来多義的なものであるから、同じ言葉を用いながら、発言者と相手方あるいは第三者にとって、それぞれの理解している意味が喰い違って、了解が成立せず、あとで合意の有無やその内容をめぐって紛争を生ずることが稀ではない[1]。了解の成立しない場合一般を誤解とよぶならば、言葉には、程度の差こそあれ、誤解される余地が常にある、ということができよう。誤解が生じたときに、それが合意の成否や効力にどのような影響を及ぼし、誤解の責任を何人に負わせるか、といったことは、従来契約論の周知の課題とされている[2]。ここでも、何が正解であり、何が誤解かは、解釈により判定されることになる[3]。

このような言葉の解釈が、とくに法的な観点からみて、深刻な結果をもたらす具体例として、「ヴェニスの商人」に登場するポーシャの判決を、とりあげてみよう。

ユダヤ人の金貸しシャイロックから、三千ダカットの金を借りたアントニオは、期日までにその金を返済できぬときには、借金のかたとして、体の肉一ポンドを切りとられてもよい旨の証文に署名する（第一幕第三場）。

期日がきても返済できなかったアントニオを、シャイロックはヴェニスの法廷に訴え、証文通り肉一ポンドを切りとることを要求する。

法学博士の服装をし、裁判官として登場したポーシャは判決する（第四幕第一場）[4]。

「この商人の肉一ポンドはお前のものである。当法廷はそれを許す。国法がそれを与えるのだ」。（A pound of that same merchant's flesh is thine: The court awards it, and the law doth give it.）

ところが、シャイロックにとって、ここまではダニエル様の再来（A Daniel come to judgment!）

であり、「公正このうえなき裁判官」（most rightful judge）でもあったポーシャは、世にも不思議な証文の解釈を持ち出してくる。

「待て、まだあとがある。この証文によれば、血は一滴も許されていないな——文面にははっきり『一ポンドの肉』とある（This bond doth give thee here no jot of blood; The words expressly are 'a pound of flesh'.）」。

「さあ、肉を切りとるがよい。血を流してはならぬぞ、また多少を問わず目方の狂いは許さぬ、きっかり一ポンドだ（Therefore prepare thee to cut off the flesh. Shed thou no blood; nor cut thou less, nor more, but just a pound of flesh:）」。

戯曲の中とはいえ、「博学多識の裁判官」（most learned judge）であるポーシャの、この理路整然たる見事な欺弁は、後世の法律家の注目をひかずにはおかなかった。

イエリンクは、その著作「権利のための闘争」の中で、シャイロックを弁護していう[5]。

「およそ血のない肉などあるだろうか。裁判官がシャイロックに、アントニオの体から一ポンドの肉を切りとる権利を判決で認めたからには、裁判官は、肉と不可分の血をも、シャイロックに認めているのである。そして、一ポンドの肉を切りとる権利を持つ者は、任意に一ポンドより少なく切りとることもできる。ところが、このユダヤ人には、このいずれの手だても拒否された。ユダヤ人は、血を流さずに肉だけを、それもきっちり一ポンド切りとれと命じられたのである。ここで、このユダヤ人は、権利を詐し取られた（um sein Recht betrogen）といっても、過言ではない。もとより人間性（Menschlichkeit）のために行われたことであるとしても、人間性のためとあれば、不法は不法でなくなるのであろうか。また仮に、目的が手段を正当化するとしても、何故に判決の中でこれを行わずに、判決した後で行なったのか。」

肉を切りとれ、血は流すな、というポーシャの判決は、どだい無理な注文であり、このような判決の理由づけが、証文の言葉じりを捉えた牽強附会のこぢつけであることは、いうまでもない。イエリンクが、この裁判を卑しい欺弁（elender Winkelzug）であり、三百代言流の奸策（kläglicher Rabulistenkniff）だとして論難しているのは、もっともなことである。ただ、イエリンクが、ここで批判の焦点としているのは、ポーシャの証文の解釈のしかたではなく——本論では、こちらが問題なのであるが——証文を一旦は有効と肯定しておきながら、それを逆手にとって、不可能な執行を強制するという裁判官の欺瞞である[6]。

　しかし、イエリンクのように証文の有効、無効をいう前に、その証文によってアントニオとシャイロックとの間に結ばれていた約束の内容すなわち証文の意味が問題なのであって、ポーシャの欺瞞というのは、まさにその証文を字句通りに（the words expressly）解釈した方法にある、といわなければならない。

「肉一ポンド」（a pound of flesh）という証文の言葉が、借金のかたとしてアントニオの生命をかけたものであることは、証文をとりかわしたアントニオにもシャイロックにも、最初からわかりきったことで、約束した当事者の間には、「生命をかけて借金を返す」という意味で了解ができている。証文は、この了解が存在することのあかしでしかない。この意味で了解があることは、アントニオも争ってはいないのであり、そうであるかぎり、証文に用いられた言葉に多義性があっても誤解は生じていないのだから、第三者が（裁判官といえども）この言葉に勝手な意味をもちだすのは、余計なことである[7]。

　ところが、アントニオとシャイロックとの約束にかかわりのないポーシャが、裁判官としてこの窮地に救いの神のように（deus ex machina）出現する。「博学多識」（most learned doctor）な彼女は、アントニオとシャイロックの了解を全く無視して、「肉一ポンド」という言葉から、奇想天外な意味を——ポーシャは、これを言葉の客観的意味だ、というであろう——手品のようにひきだしてみせるのである。ポーシャの判決は、原告シャイロックにとってはもとより、被告アントニオにとっても、まさに青天の霹靂であったろう。ただきまぐれな落雷に衝たれたのは、あわれな金貸しのユダヤ人だけであったけれども。(8)

ここには、「人道」のためとはいえ、言葉の本性に反する法律家の欺弁がある。「ヴェニスの商人」は、権利を奪われたユダヤ人の悲劇であると同時に、悪しき法律家の悲喜劇ともいえよう。(9) シェイクスピアの苦い笑いが聞えてくるようである。

（1）「草の名もところによりて変るなり　難波の芦は伊勢の浜荻」との古歌も、日常の言葉の多義性をつたえている。同一の言葉が異なる意味をもつとともに、同一対象が異なる言葉で表現されうる。

（2）誤解や錯誤あるいは心裡留保などによる了解不成立の場合の法的処理は、法律行為論の古典的テーマである。例えば、Heinrich Titze, Die Lehre vom Mißverständnis, 1910, 神戸寅次郎、契約総則（神戸著作集(上)所収）四〇頁以下等参照。

（3）誤解は、言葉の向けられた相手方が解釈を失敗した結果として生ずることが多いが、発言者側の意識的あるいは無意識的な態度によって、相手側に誤解をもたらす場合もありうる。さきのポローニアスやオフィーリアに対するハムレットの謎めいた言葉は、意識的に発言者が多義性を利用したかけ言葉の例である。

（4）福田恆存訳・ヴェニスの商人・新潮文庫一一一頁以下の訳文に拠る。

（5）Rudolf von Ihering, Der Kampf um's Recht, 1891, Vorrede, S. 12f. イエリンクに対してポーシャの判決を支持するコーラー（J. Kohler, Shakspeare Vor dem Forum der Jurisprudenz, 1919）との論争については、同上書一四頁以下参照。

（6）イエリンクも、シャイロックの証文が有効だ、と主張しているのではない。イエリンクは、法律家としてみれば、この証文は良俗違反の内容（etwas Unsittliches）である故に無効（nichtig）なものとして、斥けるべきものであった、と説いている（Ihering, S. 60）。

しかし、イエリンクみづからも注記しているように、古いローマの十二表法は、債権者は、返済できなかった債務者の体を、随意に切断できるという規定を設けていたのであるから――この厳しい規定が現実に実施されていたかどうかは疑問であるが――当時のヴェニスの法廷で、シャイロックの証文を良俗違反を理由として無効とできたか否かは問題である。十二表法の解釈上、ポーシャ流の一ポンドきっかりといった文言解釈を封ずる配慮がなされていたことについては、P. Heck, Grundriß des Schuldrechts, 1929, S. 8

(7) ローマ法の法諺はいう。falsa demonstratio non nocet. 意味が了解されていれば、誤った表示は無害なのである。当事者間に意味が通じていれば、第三者がどう理解するかは問題にならず、第三者に理解できない暗号や符牒でも差支えない。

(8) 人間の生命を担保にとることを現代の法律は許さないから、現代の法律家は、イエリンクと同様の論法で、シャイロックに対して、良俗違反を理由に証文の無効を宣告するであろう。あるいは、ポーシャ流の文言解釈をした上で、その意味と当事者の意思内容との不一致を錯誤として、証文の効力を否定するかもしれない。しかし、当事者がともに了解している場合には、これを錯誤とはいえないであろう（不表見的合致）。あるいはまた、ポーシャ流の解釈を前提とした上で、血を流さずに肉を切りとることは不可能だから、不可能事を目的とする契約ということで、証文を無効とする方法も考えられるが、本来意味のある可能な約束を、ことさら無意味で不可能な約束にすりかえたのは、ポーシャの勝手な解釈なのである。

(9) 法律実務の世界についてのシェイクスピアの卓抜な感性は、To be or not to be に始まるハムレットのモノローグにある裁判の遅れ (the law's delay) の一句にもうかがうことができる。慎重な審理と迅速な判決とは、裁判実務の永遠のディレンマである。ちなみに聖徳太子十七条憲法の第五条にも、其百姓之訴　一日千事　一日尚爾　況乎累歳　として、The law's delay の嘆きがみられる（日本書紀巻廿二、推古天皇十二年甲子）。

四　言葉における法と法における言葉
――当然自明なるものと事物の本性

血のない肉があるだろうか――イエリンク

以上において、筆者は、実定法が当然自明のこととして前提とする、日常的場面での言葉のはたらきに内在する規範的問題を、とくに約束の力と解釈という範囲で考察した。法律家にとっての課題は、このような言葉の本性に根ざす法的な意義を、現実の法制度の中で、どのように受けとめるべきか、すなわち言葉における法と、法における言葉とを、どう結びつけるべきか、ということになろう(1)。

かつてデルンブルヒは、そのパンデクテン教科書で、次のように説いている(2)。

「生活関係は、その進歩の度合如何を問わず、みずからの中に尺度（Maß）と秩序（Ordnung）とをはらんでいる。事物に内在するこの基準を、事物の本性（Natur der Sache）という。裁判官は、実定法が欠け、不完全であり、あるいは明瞭でないような場合には、この事物の本性にまで立ちかえって考えなければならない」。

規制される対象そのものの中から規制すべき法則をみいだし、事物の本性から規範を導きだす、ということの考え方を、ラートブルフは、存在と当為（Sein und Sollen）、現実と価値（Wirklichkeit und Wert）という峻しい二元論を架橋しようとして事物の中に理性を探求する全ての人々の合言葉として、事物の本性とよんでいる(3)。ラートブルフによれば、あたかも芸術家の実現しようとする美的理念が、大理石かブロンズかという対象たる素材の性質に応じて異なるように、すべての当為は、一定の対象を志向しているところから、それ故に、その向けられた対象によって当為自身もまた規制されることになる（対象による理念の被規定性 Stoffbestimmtheit der Idee）。法理念もまた同様に、その向けられる対象、その時代、その歴史、その国民のために本来の意味をもつものであり、それ故に、それらにより、すなわち事物の本性によって規定されるものである[4]、とする。

ここにおいて、法律家にとって当然自明のこととして、一旦実定法の枠の外におしだされた生活関係は、当然自明なるが故に——事物の本性として——再び実定法に回帰してくる。言葉が人間存在の発現として、人間性の価値と重みとをになって、法の舞台に登場するとき、法がこれを恣意的に歪曲することは、人間性を侵す故に、不法といわなければならない。「血のない肉があるだろうか」（Gibt es Fleisch ohne Blut?）というイエリンクの素朴な反問[5]と、立法者もなお言葉を規制する権限はない、とするボアソナードの主張[6]とは、期せずして、共通の方向をさししめしているように思われる。

（1）前出第一章注（4）の各研究は、この課題をめぐる各論的考察ということができる。

（2）Heinrich Dernburg, Pandekten, 7. Aufl. Bd. I, §38, S. 84
デルンブルヒは、自然法は人間の本質（Wesen）それ自身から導かれる推論によってたつもので、直接の法適用のためには適切でないとして、自然法と事物の本性とを区別する。これに対して、ヴィントシャイトは、自然法とともに事物の本性論に対しても、否定的態度をとる。Bernhard Windscheid, Pandekten, 8. Aufl. Bd. I, §23, S. 91

（3）Gustav Radbruch, Die Natur der Sache als juristische Denkform, 1948, S. 5

（4）Radbruch, S. 16

（5）Ihering, Vorrede, S.12 イエリンクは、人間性のためとあれば、不法は不法でなくなるのか、ともいっている。しかし、むしろポーシャの判決は、当然自明な言葉の規範法則に反する故に、不法であり、かつ人間性に反する、というべきではないだろうか。

（6）Boissonade, P. 271

——この拙文を、永年の御交誼に対する感謝と友情をこめて、佐分純一先生にささげる。

なお本文中のシェイクスピアの文献や用語例に

ついて御教示をうけた西山浅次郎教授、大柳英二教授に厚く御礼申上げる次第である。

昭和六二年九月一二日稿

本井氏書簡について
――解釈の問題と「去来抄」

一九八八（昭和63）年　私信

本井　英氏よりのお手紙

拝啓　陽春の候　益々御健筆の趣お慶び申し上げます。

さて此度は「法と言葉」お送りいただき恐縮に存じます。全く門外漢の小生にも法というものの「人間味」のようなものが感ぜられ、先生のお人柄と重なって法なるものへの偏見が少しく減少致しました。

御説中、「解釈」とはの条、楽しく拝読（9頁最終行）、同時に「去来抄」の有名な一節を思い出しましたので御存じのこととは存じますが……

「　岩鼻やここにもひとり月の客　去来

先師（芭蕉）上洛の時、去来曰『酒堂は此句ヲ月の猿と申侍れど、予は客勝りなんと申。いかが侍るや』。先師曰、『猿とは何事ぞ。汝、此句をいかにおもひて作せるや』。去来曰、『明月に乗じ山野吟歩し侍るに、岩頭又一人の騒客（風流人）を見付たる』と申。先師曰、『ここにもひとり月の客ト　己と名乗出らんこそ、幾ばくの風流ならん。たゞ自称の句となすべし。此句は我（芭蕉）も珍重して、笈の小文に書入ける』となん。予が趣向は猶二三等もくだり侍りなん。先師の意を以て見れば、少《スコ》狂者《シ》（風狂者）の感もあるにや」

即ち、作者去来の意図した意味とは違えて解釈することによって、一句の価値が数段上ったという事になります。一言で言えば文学・芸術は「美」を追求するものであって見れば、作者の想念という事実までも、「美」の前には従属させられてしまうように思えます。言葉をぎりぎりの処まで責めて使用する点は法も文学も似ていながら、この解釈の点に到ると、よほどかけ離れたもののように感じました。

妄言を連ねましたが、洵に楽しい御文章拝読させていただき、本当にありがとう存じました。これからもご指導賜りとう存じます。

敬具

昭和六十三年十一月

本井　英

内池　先生　机下

本井氏書簡についての覚え書き

本井英氏より頂いたお手紙は、私がかって教養論叢誌上に発表した一文「法と言葉―シェイクスピアの戯曲にみられる約束の力と解釈の問題―」（教養論叢七七号一九八八年一頁以下）の抜き刷りをお送り申し上げたところ、これに対する御懇切なお返事として書かれたものである。とくに文中の解釈をどのように考えるべきか、という問題につき、文学者であり俳人であるお立場から、極めて興味深い御示唆を賜ったことは、まことに有り難いことで、私にとっては貴重なお手紙である。考えも纏まらないままにその時はお返事を申し上げたけれども、本井氏の起こされた問題は、大きな宿題として、その後も折に触れて考えることがあった。本文は、この問題を多少整理した形で書いてみたものである。私に賜った私信ではあるが、その内容が解釈一般に関わる大事な論点を、見事に指摘されたものであるので、本井氏のお許しを得て、そのお手紙の全文を冒頭に掲げている。
本井氏がお手紙の中で触れておられる拙稿の部分は次のくだりである。

「言葉は意味を創造し、これを伝達する。言葉から、その意味を探索し、確認する作業が解釈とよばれる。解釈としては、ロゼッタ・ストーンの銘文の解読も、文芸作品の鑑賞も、契約文書の解釈も、それほど変わりはない。要は、発言者の伝えようとした意味内容が、相手方に正しく理解されれば、言葉はその役目を果したことになるのであり、言葉は、発言者と相手方との間の了解を目的とする行為であり、解釈は、この目的に達するための努力ということになる」（教養論叢九頁以下）。

本井氏書簡の骨子は、大体において次のように理解して良いであろうか。

一　去来の句の複数の解釈の成立……「ここにもひとり月の客」

1　作者去来の意図……また一人の風流人を見附たる。
2　酒堂の解……月の猿
3　芭蕉の解……己と名のり出らんこそ。

二　「作者の想念という事実までも、『美』の前には従属させられる」

三　言葉をぎりぎりの処まで責めて使いながら、解釈という点で、法と文学とはかけ離れてしまう。

考察

一　**複数の解釈の可能性**

同一の言葉・文章に複数の解釈・意味付が成り立つ事実は、法も文学も変わりなし。

問題は、その複数の解釈・意味のいづれが優先し、劣後するかを判定する必要があるかどうか、またその必要があるとすれば、何がその決定の基準となるか、という点である。

＊法の解釈においては、立法者の意思を歴史

的・一義的に確認する必要がある（この点につき、いわゆる立法者意思説と法律意思説との争いあり。契約・意思表示の解釈についても意思説と表示説との対立あり）。法解釈における一義的解釈の主張は、三権分立の制度における裁判官の立法者意思の実現という使命、規範の矛盾・衝突の回避（法的安定性確保）、私的自治の理念等々の点に求められる。

＊文学の解釈においては、かかる要請がない点で、より自由な解釈が許容されることは疑いなし。しかし、「美」という観点から、作者去来の意図や、酒堂の解釈よりも芭蕉の解釈が優先するとするならば、なおそこには、より優れた解釈・より正しい解釈が選択されているので、その決定基準が問題となる。どう読んでも良いというわけではない。詰まりは、原作者の歴史的意図をどのように評価するか、ということの問題であろう。

＊法の世界でも、実はパラレルな議論が登場する。「正義」の前には、立法者あるいは契約当事者の意図もまた従属しなければならない、という議論である。「悪法は法にあらず」、またポーシャの判決の議論「肉一ポンドを切り取るが良い。ただし血は一滴も流してはならぬ」

二　疑問の提起

解釈という問題で、法と文学がかけ離れているというよりも、実は言葉の解釈として共通の問題が、法と文学という二つの場面で現れてくるものではなかろうか。

＊文学の世界においても、作者の意図・想念を全く捨象する解釈というものが可能であろうか。それがもしも可能であるとすれば、その解釈は「解釈」というよりは、全く新しい創造作業ではないか。その創造作業に、原作者はいかなる関わりを持ち得るか（彼はなお「作者」といえるのであろうか）。

三　言葉の伝達機能と創造的機能―意味の創造に参加する者―

言葉には、意味の伝達と、新しい意味の創造との二つの作用・機能があると思われる。両作用は多少なりとも、常に相関連して現れてくる。文学作品の多くは、単なる事実の報道・ニュウスとは異なり、事実・観念の伝達の道具にはとどまらず、「美」の創造を目的とするものであろう。

＊いわゆる事実記録ドキュメント文学は、この二重性を意識した表現形式である。例えば「西部戦線異状なし」は第一次大戦における軍事電報であるが、レマルクの小説に用いられた時、独特の文学的表現価値を持つに至る。同一の文言にさまざまの意味があり、それぞれに正しい解釈が可能なのであるが、その反面において勝手気ままな解釈が許されるわけではない。

この創造作業は、言葉を仲介として作者と読者との間に営まれる。ここでは、言葉を作り出す作者とそれに込められた意味を読み取る読者との、心理的交渉を通して、あたかも楽譜を書く作曲家と演奏家との関係にも似た、一応は独立しながらも共通の目的を指向する共同作業があるといえよう。作家と批評家との関係もまた、これに類似したものがあるように思われる。

しかし、作者の意図を一応切り離した形で、読者における意味付け・読者側の理解内容を考えてみると、それはそれで作者とは独立した、一つの新しい創造―新しい作品―といえるのではなかろうか。去来の句が、芭蕉の理解によって、去来の思い及ばなかった新しい意味・新しい美的価値を獲得した時、そこには同一の文言でありながら、その本となった去来の作品とは独立した、芭蕉の作品が生まれたとは言えないであろうか。あるいは、去来が最初の筆をとりながら、去来と芭蕉の師弟の共同作業により完成した―その意味では、作者は去来と芭蕉との二人となる―一個の作品が出来上がったのではなかろうか。

四　去来の句に対する芭蕉の解釈

芭蕉は去来に向かって、「汝、この句をいかにおもひて作せるや」と問うている。

芭蕉のこの問いかけが重要な意味を持っているように、私には思われる。去来の句を理解するために、芭蕉はまず作者去来の意図を知ろうとしているのである。ここで芭蕉は、作者たる去来の意図を無視して、勝手に自分の理解を立てようとはしていない。作者の原意を尋ねている点が、「去来の句」を正しく解釈するためのまず第一の手がかりであることを、芭蕉は示している。

去来における発句のねらいを確かめた上で、そのねらいを実現するための言葉の意味付けの作業が進められることになる。ここでは、師芭蕉と弟子去来との間に交わされる対話問答を通して、去来の本の句に新たな意味付けが芭蕉から提示され、去来も納得し、感動しつつこれに従っている。ここに生まれた新解釈は、去来の本の句に加えられた解釈とも言えようが、実は去来・芭蕉による新たな作品の解釈というのが実態に近いのではなかろうか。

＊「月の客」の意味が、去来が見つけた何人かから、去来自身に変化した時に、同じ言葉「月の客」を用いながらも、この句は別の意味を持つ別の句になった、というべきである。多義的な言葉は、別の意味付けにより、別の言葉となる。

＊あるいは、去来の発句の意図が、月下の風狂者の風情を表現することにあったとすれば、その狙いをより適切に果たすためには、原作者たる去来の「月の客」＝相手という言葉の用法よりも、芭蕉の「月の客」＝去来自身という言葉使いが、より適切・巧妙であった、というようにも言える。去来自身が芭蕉の解釈に納得しているのは、芭蕉の解釈が、句の中の個々の言葉・文言の意味付けでは、去来の当初の発想とは食い違っていたとしても、なお全体としては、去来の本来目指していたところに的中していたからではないか。

そうだとすれば、芭蕉は、本来不完全で

あった去来の表現を見事に補完して、去来が言おうとしていた内容を正確に再現したのであり、去来の句を、作者去来の本来の狙いに則して正しく解釈したと言ってよいであろう（去来は、自分の句を、不完全・舌たらずにあるいは不適切に表現していたことになり、芭蕉は、去来の真意を汲み取って、その不完全な表現を見事に訂正・補充したことになる）。芭蕉が初めに去来の真意を質したことが重大な意味を持つ所以である。このように見るならば、芭蕉の理解は、去来の句の正しい解釈であって、別段新しい解釈ではなく、去来の句と独立した新しい作品と見る必要もない。

五　美と正義と人間性としての言葉

ポーシャは「正義」と「人道」とを理由としてアントニオとシャイロックの証文を解釈した。命をかけるという当事者の一致した証文の意味は、肉と血を分けるというポーシャの文言解釈の下に、「正義」と「人道」とに従属させられたのである。自分の言葉に与えた意味を奪われたシャイロックは、自分の言葉を奪われた哀れなユダヤ人であった。人間が言葉を持つ動物であるとしたら、言葉を奪われた人間は動物でしかない。「正義」と「人道」は、人間から言葉を奪うことが許されるのであろうか。ポーシャの解釈ほどに非人間的な解釈はなく、ポーシャの裁判ほどに非人間的な裁判があるだろうか。

自らユダヤ人であった詩人のハイネは、ベニスの商人の芝居を観て、シャイロックの悲劇に慟哭したという。ユダヤ人であるが故にその言葉を奪われることの二重の人間性の拒否を、言葉に生きた詩人ハイネはわが身に引きつめて、この戯曲の中に傷ましく読み取ったのであろう。私がかってハイネの故郷デュッセルドルフのハイネ・パルクを訪れた時、巨大なハイネの顔が粉々に砕けたまま、公園の中に散乱している不思議なハイネの銅像が印象に残っている。作者によれば、ハイネの限りない苦悩を表現する銅像であるという。

＊デュッセルドルフ在住のドイツの友人の話によれば、銅像を彫刻家に依頼した市当局は憂いに満ちた若くロマンチックな美青年のハイネ像を予想していたところ、完成した凄惨なハイネ像に仰天したとのことである。町中の大論争の末に、結局この砕けたハイネ像が公園を飾ることになったそうである。

言葉の解釈が、作者の意図を「人道」であれ「正義」であれ、何者かに従属させる時、言葉から、人間の言葉としての命を奪う危険がないであろうか。言葉の解釈された内容が人道に反し正義にもとる時、その言葉をどのように評価するかは、解釈してから後の問題である。解釈は、そこに評価されるべき対象を、まずもって正確に確定する仕事である。

作者が伝えようとした意図が言葉に化体されているかぎりにおいて、その言葉は作者の言葉であり、作者の人間性そのものの発現である。作者もその言葉も、それ自体としては、必ずしも人道的でもなければ正義に叶うものではない。解釈は、まずその人間性の発露としての、生の、いきいきとした言葉の意味を再現し発見するものでなければなるまい。その作者の意図が、そして作者の人間性そのものが、人道に反し、正義に反するものである時に、裁判官は―裁判官としてのポーシャは―その意味に法的な支持を拒否すれば良いのであって、人道的・正義にかなう意味を勝手に捏造するべきではなかったのである。ポーシャが作り出した意味こそは、「血のない肉」のように、命の失せた、死んだ言葉でしかなかった（当事者の意図した内容の契約が無効として法的効力を否定されることと、裁判官の勝手な解釈で捏造された契約が有効として当事者に押しつけられることとは、話が違うのである）。

文学の解釈が作者の想念を「美」に従属させ得るとしたら、その「美」は人間の言葉から、なにか人間にとって不可欠なものを奪い去る危険はないであろうか。その時にその言葉は、なお作者の言葉でありうるか。なお人間の言葉であり得るであろうか。文学における「文」とは、そして人間にとっての「美」は、結局のところ、何であろうか。

＊補追

1　法は命令・禁止である。従ってこれが多義的であれば混乱を生じ、命令・禁止としての役目を果たし得ない。ここに一義的解釈の要求を生じる。文学の鑑賞・理解においてはこの問題がない。

2　日本のような成文法の国では、法は原則として、文章の形で現れるから、法解釈は、文章の解釈となる。解釈一般の課題が、法学においても登場する。

3　「言葉をぎりぎりの処まで責めて使用する」というのは、本井氏の指摘されるように法学の基本的特性ということができる。その「ぎりぎりの処まで責める」方法に、果たして、法と文学とにそれほど大きな違いがあるかどうか、これが興味のある論点なり。

―以上思いつくままに―

法と言葉と解釈の問題
――わが学問・わが教育

一九九四（平成６）年「三色旗」五五八号・五五九号
（特別講演会　平成六年四月二九日　三田五一八番教室）

始めに

只今、池田部長よりご紹介を頂きました内池でございます。

この講演には「わが学問・わが教育」という大変な副題がついておりますが、実はこれは池田部長が今回の講演のために、わざわざつけてくれた題目であります。せっかく頂いた立派な題目に文句をつけるつもりはありませんけれど、この題目は大変に難しい。学問と教育ということは大学の仕事でありますから、「わが学問・わが教育」ということは、長いこと慶應義塾で給料を貰って来た自分の仕事を全般に渡ってお話せよということでありましょう。

人は元来自分のことは一番見えないものであります。鏡で毎朝見る自分の顔も、果たしてこれが本当に自分の顔なのかどうかというと、大分怪しい。鏡が歪んでいることもあろうし、自分の目が霞んでいることもありましょう。自分は自分から一番見えにくい所にいるわけでありますから、自分のことを語るのは難しいし、語る内容もあまり信用できないようであります。

このことは逆に申しますと、人が自分と係わりのある他人のことを語る時に、その他人を鏡として、自然に自らを語っているのではないか、と思われるのであります。他人様の書いた答案を採点するのは教師の宿命的な仕事でありますが、この採点をする度に、答案の採点は、実は、一年間授業をして参った自分の仕事に採点をしているのではないか、と思うことが良くあります。自分の仕事と自分自身との関係も、これと似ているようであります。自分のやっておる仕事をお話することが、おのずから自らを語ることになるかとも思います。

昔講義中のある恩師に「教学あい学ぶ―教学相長」ということを教わりました。

この言葉の意味が、教師を致している間に、少しづつ分かって来たような気持ちが致します。昭和二十六年以来、学生として多くの恩師にいろいろのことを教わって参る間に、次第に自分の道のようなものが自然に見えてきたような気が致します。学生諸君と議論したり、レポートや答案を読まされている間に、はっと気付かされた思いがすることもありました。研究も教育もどこかで繋がっているので、実は同じことではないか、と思います。

一　法律学と言葉

この度通信教育部より講演のご依頼を受けましたが、その主旨は、今まで研究してきた事について、何か纏まった内容をお話せよとのことであります。ご依頼を受けてから、いろいろと考えて見ましたけれども、元来私たち研究者の仕事は何年やっても区切りのつかないものでありまして、どうにも纏まらない。纏まらない事を纏めてお話することも出来ませんので、法の解釈学を勉強している間、何時も気になっている事を、纏まらないままにお話しようと思います。それは、言葉とは何かという問題であります。法律学の立場から、特に民法の解釈学の立場から、言葉とその解釈というものをどのように考えるべきかという問題であります。

法と言葉と解釈というようなことを話の主題と致しますと、なにか余りに漠然としておりまして、落語の三題噺のように、本来関係のないものを無理に繋ぎ合わせて一つの話にするようでありますが、実はそうではありません。わが国のように所謂成文法主義を取っている法律制度においては、法は、原則として成文として、文章の形で制定され施行される。具体的事件に法を適用して、法による裁判をするためには、適用されるべき法をその成文という言葉を解釈して、その言葉の中から発見しなければならない（法を発見する材料は、必ずしも常に成文とは限りませんけれども、現在多くの諸外国はわが国と同様に成文法主義を採用しておりますし、成文が重要な法源であることはどこの国でも同様であります）。法の解釈すなわち法文という言葉の解釈が、法学の重要・不可欠の部分をなすことは、誰しも疑いを持たないところであります。

法の解釈が、成文という形の言葉の解釈から始まるのは―法解釈が、これに尽き、これで終わる訳では決してありませんが―というのは解釈の結果として法の不備・欠缺があきらかとなれば、それを何らかの方法で補充することが必要となり、この創造的作業もまた広い意味で法解釈ということが出来るからであります―憲法・民法・商法・刑法・訴訟法など、どの法分野にも共通することであります。私が専攻しております民法、特に契約法の分野では、私的自治の原則によって、契約を締結する当事者の合意すなわち一致した意思が当事者を拘束することになりますから、契約の内容を確定するためには、当事者が契約に用いた言葉の解釈が直接の問題として登場することになります。ここでは、特にこの契約の場面での言葉と、その解釈の問題を取り上げて、考えてみたいと思います。

二　法の規制と規制される言葉

わが国の最初の近代的民法典として、明治二十三年に制定公布された所謂旧民法は、その財産編第三五六条に次のような規定を設けております。

「合意ノ解釈ニ付テハ裁判所ハ当事者ノ用ヰタル語辞ノ字義ニ拘ハランヨリ寧ロ当事者ノ共通ノ意

思ヲ推尋スルコトヲ要ス」。

これは契約の解釈に際しては、裁判官は、当事者の間で一致した意思の内容―当事者の共通の意思―が何かということを探究するべきであって、契約で当事者が用いた言葉の字句・字面の文言に拘泥してはならない、という意味であります。同様の趣旨の規定は、外国の民法、例えばフランス民法第一一五六条（旧民法の規定の母法）、ドイツ民法第一三三条、オーストリー民法第九一四条などにも見られるところであります。明治三十一年より施行されている現行民法には、この旧民法財産編第三五六条に該当する規定はありませんが、これは旧民法と現行民法とで規定の趣旨が別段変化した訳ではなく、当然のことであるから、特に規定する必要がない、と考えられた為であったようです。

旧民法のこの規定を起草したボアソナードは、この規定を設けた趣旨を次のように説明しております。「およそ合意においては、契約を結んだ当事者の意思が法律となるものであるから、まず第一にこの当事者の意思如何を尋ねることは当然である。そしてこの意思如何は、大抵の場合、当事者が契約に際して用いた言葉のなかに発見することが出来る。しかるに、言葉は元来不完全なものであるし、また当事者が言葉の用法を誤り、その結果として意思を伝えるのに不十分なこともあるし、また不注意に話したり書いたりすることもある。ここにおいて「用いられた字句の意味に拘泥してはならぬ」という規則が必要となる」。

これに続けてボアソナードは次のように論じております。

「日本でも外国と同様に、同じ言葉だからといって、どこの場所でも常に必ず同じ意味を持つものとは限らない。すなわち言葉の用法に関する各地の格別の慣行・慣習が特別の事情から生まれ、長い時代を経て現在に至っているものである。立法者は、その権限によって、例えば度量衡を一定し、共通の貨幣を定め、一様な法律を定めることが出来ようが、いやしくも国の言葉を規定しようとするならば、これは既に甚だしく職権を逸脱したものであり、仮にこれを規定したとしても、恐らくは常に失敗するであろう」。

ここで興味深いことは、ボアソナードが、契約の法的拘束力の根源が、契約当事者の共通の意思にあること、その意思内容―従って契約の内容―は、当事者の用いた言葉の解釈を通じて明らかとなることを説きながら、同時に言葉というものが、同一の言葉・用語であっても、時代や場所によって、あるいは用いる人毎に意味が異なることがある―これを言葉の多義性と申します―ことを指摘していること、そして立法者といえども、この言葉を画一的に規制することは出来ない相談で、仮にやってみたところで失敗するだろう、と断定している点であります。すなわち、ここで言葉というものが、法律の世界で―ここでは契約の内容を決定するという場面で―極めて重大な問題でありながら、それと同時に、言葉は法律の力を越えた独特の世界に属しているということが、議論されているのであります。

三　契約の拘束力と言葉の問題

ボアソナードは、当事者の共通の意思すなわち合意が、当事者にとって「法律」となると言っております。これはどういうことでありましょうか。また何故そのような事が可能なのでありましょうか。「契約は守らなければならない」ということは、現行民法は当然自明のこととして、特に規定を設けておりません。民法・商法その他の実定法は、売買・贈与・貸借・請負等々の契約について、代金・品物の引き渡し方法とか履行時期とか、契約上の義務に違反した場合の損害賠償の方法とか、細々とした規定を設けていますけれども、そもそもその前提となるはずの、契約が何故に契約を結んだ当事者を拘束するか―あるいは当事者以外の者は、何故に契約に拘束されないのか―という問題に関しては、直接の答を示していないのであります。

もとより法律は、人間の社会生活を規制するために人間が作った実用的な道具でありますから、さしあたり必要最小限度の規定を設けておけば足りるので、社会生活上において当然自明のことと扱われていることは、特に規定を設ける必要はないし、そのことを前提とした上で、その社会的事実に関する規定を、その時々の必要に応じて設けることは、ごく普通のやり方であると申せます（例えば人間とは何かとか生命とか死亡とか言葉とか時間とか空間とかを、法律が一般的に定義するような規定を設けることは、本来法律の枠外のことに属して、法律がこれを規定するのは無意味なことであるし、その必要もないことであります。近頃問題となっている脳死が人間の死か否かというような問題も、臓器移植の問題について、人間の死亡時期をいつの時点に判定するかが問題なので、人間の「死」そのものを一義的に法律で定めることは、不可能という外はないでしょう）[1]。

（1）私権の享有は「出生」に始まる（民法第一条の三）。満二十年を以て「成年」とす（同第三条）。各人の生活の本拠を以て其「住所」とす（同第二十一条）。本法に於て「物」とは「有体物」を謂う（同第八十五条）。これらの規定の「出生」「成年」「住所」「有体物」等々の言葉も、夫々の規定の特別の必要性から一定の意味に定まるのであって、あらゆる場合に通用するような一義的な意味を定める必要もないし、そのような一義的意味を定めることは元来不可能であります。

ですから法律家が、従来一定の事柄を当然のこととして法の枠外に置いていることは、それ自体として実務的な方法であり、法という人間生活の中の特別な分野を扱う専門家として、良心的な態度であるということができましょう。ボアソナードが、立法者といえども、すべてのことを規制できるわけではなく、言葉を規制するような事はその権限を逸脱したもので許されないと説いていることも、この意味で法の世界の限界を厳しく指摘するものとして、大変に重要な発言であると思われます。

確かに法は、法という一つの場面、一つの観点から人間生活の実態を観察し評価するものではありますけれども、そこに観察され評価される人間の生活はまた独特の法則に従って営まれる独自の存在として、法の世界の中に入ってくる人間の営みであります。規制する規範と規制の対象である人間の生活との結び付きがここで問題となります。これが全く勝手気儘につなげることが出来るならば、話は簡単でありますが、そのような法が現実の合理的な生活規範として役に立つ訳もない。

ここにおいて、法がその前提とする「当然自明」な存在とはどのような意味で「当然自明」なのか、規範と事実との繋がりが、気になることになりましょう。事実の側からする規範に対する働きが問題となって参ります。先に見たボアソナードの見解も、言葉の特性として、時と場所によって同一の言葉も様々の異なる意味を持つことを挙げています。このような観点から、ここでは一応法律の具体的な規定を離れて、法の規制対象である言葉の性質といったものを考えて見ようと思います。

四　言葉の特性

一般に言葉とは、音声とか文字を手段として思想とか感情を表現し伝達する人間の活動と言われています。言葉を用いる人間主体の方から見れば、何らかの意味を相手に伝えるための表現・伝達の行為ということでありますし、この意味の表現・伝達という人間活動の手段の方から言えば、そこに用いられる音声・文字・符牒その他の媒介方法を、広く言葉といっても同じことでありましょう。

人間の社会生活は、この言葉によってお互いの間の意志の疎通が可能となり、意味のある社会秩序が形成されることになるのは、言うまでもありません。このように、言葉は意味を相手に伝達するのに不可欠な重要な道具ではありますが、なにごとにまれ、人間は間違いを起こすものでありますし、言葉それ自体が、表現・伝達のために決して完全な道具ではありませんから、その表現や伝達の機能を果たす上で、多くの行き違いや失敗を起こすことが多く、言葉をめぐるトラブルを生ずることも稀ではありません。このトラブルが法の世界で屢々問題となることは、法律家が良く承知していることであります（法文の解釈をめぐる争い、意思表示の解釈の齟齬、錯誤、誤解の問題等々）。

1　言葉による規範創造

さしあたっては、言葉に二つの機能があることが注目されます。それは一方では、言葉によって何らかの意味が話す側から相手方に伝達されるという意味伝達の機能であり、他方では、言葉によって、今までなかった新しい状況が作り出されるという、意味を創造する、意味創造の機能であります。

例えば立法作業という意志的な行動によって、国家は国民にある抽象的な規範を新たに創造すると同時に、その内容を伝達・公示致します。契約も、契約を結んだ当事者の間に取り交わされる意思表示という言葉によって、契約関係という具体的な規範関係が創造され、その内容が互いに伝達されることとなります。もとよりこのような言葉が、現実に法規範を創造するために、どのような形式を必要とするかは、国により時代によって違いがありますが、それぞれの形式の器に盛られている内容は、規範を創造するに足る言語活動そのもの―言葉―であります。このようなことは、法の世界に特有な現象というわけではなく、法律と離れた意味の世界、例えば習俗としての約束、誓い、呪術、挨拶、謝罪などの分野にも共通する言語現象として広く観察されるところであります。

とりわけ契約の分野では、このような言葉による規範創造という現象は、古くから極めて常識的に認められていたと申すことができます。例えば「男の一言」とか「武士に二言なし」とか「二枚舌」と言った表現は、どこの国いつの時代にも共通して認められる言い回しでありますが、ここに問題とされている言葉とは、約束とか誓いというような規範創造力のある言葉を意味しているもの

で、単なる意味伝達の機能の問題でないことは、言うまでもありません。(2)

（2）古い民法の教科書を見ますと、表現行為を意思表示と観念表示と感情表示との三種に区別して、伝達される内心を知・情・意に分けて、それぞれに対応するものとして表現行為を説明していますが、これは専ら言葉の伝達機能だけを意識した説明であり、意思表示に特有の規範創造力を説明するのには不十分と言う外はありません。

ここでは拘束力・規範性を持つ約束が、言葉によって生み出されるという事実が、常識的に自明のこととして表現されており、言葉イコール約束という図式が描かれていることになります。あらゆる言葉が約束を生み出すわけでありませんが、特別の種類の、特別の性質を持った言葉が約束を生み出す。逆に言えば、言葉なしには約束はあり得ないということであります。申込とか承諾といった契約の不可欠の要素とされる意思表示は、このような規範創造力を持った、特別の言葉といってよろしいと思います（ハムレットの有名な科白に、嘘つきでお喋りのポローニアスに対して『言葉・言葉・言葉――』と繰り返す場面があります。男の『一言』に対する言葉― words ―約束――二枚舌――という皮肉でありましょう）。

もとより契約が当事者の意図した通りの効力を持つか否かは、法が独自の立場から取捨選択致しますから、各国各時代により、種々の枠組みがあり、決して一様ではありません（例えば行為能力制度とか公序良俗あるいは要式行為など各種の強行法による効力の制限参照）。契約の法的効力は法によって保証され支援されて実効性を持つものではありますが、当事者の意思を本来の根源として、その意欲された法的効果を実現するという意味では、法の前提として存在する当事者の約束という言葉の力―規範創造力―を直接の根拠とすると言うべきでありましょう。要するに契約の効力は、言葉による規範創造力と、それを保証する法の力との、二重の根拠に基づいている、と言うべきでありましょう。

2　言葉の多義性

ボアソナードが指摘しているように、日本語でも外国語でも、日常普段の言葉では同一の文字・符牒が常に同一の意味を担うものとは限らず、時と場合によって随分と様々な異なった意味を持つことがあるのは、誰もが経験する通りです。買い物をする時に、「これを下さい」「差し上げます」といい、支払った代金を「お預かりします」と受け取るような表現は、意味が通じているかぎり、特に間違った言い方とは言えません。

比較的に多義性の薄い言葉は、人の名前のような固有名詞でありますが、これとても、例えばシュトラウスには、ヨハン・シュトラウスもあればリヒャルト・シュトラウスもあるし、「福澤」という人は世の中に沢山いることでありましょう。「福澤諭吉」といっても、福澤諭吉の著作を指す場合もあれば、肖像画、一万円紙幣、銅像（三田・日吉・矢上台・信濃町・湘南藤沢・ニュウヨーク？　色々な場所にあります）というように、色々な意味で用いられる可能性がありますし、それで結構お互いに話が通じていることがあります。[3]

（3）小説家のユーゴーが自作の出版社に『?』と電報を打ち、出版社が『!』と答えたという話が残っています。勿論話が食い違う可能性――誤解可能性――はあり、これを話す側が意識的に利用する『懸詞・駄洒落・皮肉』の例もあります。前に挙げたハムレットのポローニアスに対する『言葉』の科白とか、オフィリアに対する『尼寺』―売春宿―という科白のような例）。

このことは、これと逆に、言葉が違っても、夫々に異なる符号であっても、同一の意味を表すことがあることを意味します。例えばAとBとの間である物の売買が行われるときに、Aが「売る」といいBが「買う」と言いましても、これはお互いに別のことを言っているわけではなく、ABの間の売買契約という同一のことを言っているに過ぎない。同じ売買の取引を、売り手と買い手との夫々の立場から、違った言葉で表現しているだけのことであります（もしも仮にＡＢが共に「売る」とか「買う」とか同じ言葉を使ったとしたら、これは逆に違った内容を意味することになるから、合意になりません）。

「物の名もところによって違うなり、浪速の葦は伊勢の浜荻」という古歌が示す通りであります（早慶戦でも慶早戦でも、慶應義塾でも三田の山でも、同じ意味を持ちますが、言う人の立場によって用いる言葉が異なるに過ぎません）。極端な場合には、言葉の普通の意味と違った特別の意味を、意識的にある言葉に結びつけて使用することもあります。暗号・職人の符牒・イニシャル（ＪＦＫ）・綽名等々の例がこれに当ります（ニイタカヤマノボレ１２０８の有名な暗号電文）。

要するに言葉は、意味を伝達する上で、かなりに幅のある、融通の利く道具であり、それだけに又、伝達上の失策とか行き違いのトラブルを侵す危険性を常に孕んでいる不完全な道具であると申すことが出来ましょう。

五　契約の締結における言葉の多義性の問題

以上に述べた言葉の多義性は、契約の締結に際しての意思の合致の有無をめぐる古典的な問題として現れて参ります。慶應義塾法学部の大先輩の神戸寅次郎先生の代表的著作である「契約総則」という本の中に、次のような設問があります。Ａという人がＢという人に対して「東京丸」という名の船を売る契約をした。ところがＡの持っている「東京丸」には、「第一東京丸」と「第二東京丸」との二隻の船がある。この場合に契約は果たして成立するか否か。もし契約が成立するとすれば、その契約はどのような内容であるか。

現在の日本の学説が、この問いに対してどのように答えるかは、実は余り明瞭ではありません。というわけは、この言葉の多義性に触れる論議は殆ど見当たらないからであります。しかし恐らく意思表示の解釈について、そこに用いられた言葉の一般的・社会的・客観的意味を捉えるべきであって、当事者の内心的意思を問題としない（言葉の客観的意味と内心的意味との違いは錯誤の問題としてだけ取り扱う）という近時の多数説によれば、当事者が第一東京丸と考えようと第二東京丸と考えていようと、ともかく東京丸という言葉の客観的意味で契約が成立する、と見るのであろうと思います。

もしも言葉に一般的・社会的あるいは客観的な意味がただ一つだけあると仮定すれば、このような議論も、議論としては成り立つでしょうが、先に見たように、言葉の意味というのは、一つに限られはしない、多義的なことが普通なのでありますから、この通説の議論は事実に合わないことを前提としているわけで、言葉の意味が一義的に定まっている稀な場合を、自説に都合よく持ち出していることになる。

神戸先生の学説によれば、前に挙げた「東京丸」の例は、この「東京丸」という言葉に当事者各自がどのような意味を結びつけたかによって、答が変わって参ります。すなわち同じ「東京丸」という言葉で約束しても、一方が第一東京丸、他方が第二東京丸を考えていたような場合には、言葉それ自体の意味が食い違っているので、そもそも合意したことにはならないので、契約は成立しない（つまりこの場合は、一方が馬を売ると言ったのに対して、他方が牛を買うと言ったのと同じ状況なのに、それぞれが気がつかない誤解の状況であります）。

これに対して両方の当事者がいずれも第一東京丸の意味で「東京丸」という言葉を用いていた場合であれば、第一東京丸の売買契約が完全な形で成立する。同様に第二東京丸の意味であった場合には、第二東京丸の売買が完全に成立する。多義的な複数の意味の中に含まれるいずれかの意味を、当事者が用いて発言している限り、当事者の意思と表示とは一致しているわけで、意思と表示との不一致—錯誤—は存在しないからであります。たまたま言葉が一義的に定まっているような特別の場合にのみ、その言葉の意味と食い違った意思とのずれが、錯誤となるに過ぎません。

このように言葉の多義性という現象を考慮して考えることは、一見して複雑なようでありますけれども、このことは理屈が複雑なのではなくて、言葉という現実の事象がかなりに複雑怪奇なもので、一筋縄では行かないことの反映と言うべきでありましょう。法律行為・契約という法制度は、元来当事者の意欲した内容を、当事者が意欲したが故に、意欲した通りの内容で実現させようとする制度であります。契約に用いられる言葉は、その当事者の意欲内容を規範的に実現し伝達する道具でありますから、その内容がお互いに正確に伝達され了解されれば、言葉の役目は果たされたのであって、その言葉が当事者の用いた意味の外に、客観的に、一般社会にいかなる他の意味を持つかなどはどうでもよいことであります（言は意にあり、意を得ては言を忘る）。

同じ言葉を当事者が別々の意味に用いた結果として、合意が成立しなかった場合に、その責任を誰にどのように負わせるかは、また別の問題でありますが、少なくとも多義的な意味の内の一つの意味で、その言葉を用いているかぎりは、言葉を間違って用いた—錯誤—とは言えないのでありまして、若しもこれを錯誤というならば、我々の日常の言葉遣いは、当事者間において充分に意味が通じている場合であっても、どこかの点では何時でも何らかの錯誤を犯しているという非常識な結果になりましょう。

したがって当事者の意味が一致して、合意が成立したからには、合意・契約の内容はその当事者の一致した意味により決定されることになり、これと異なる意味を勝手に契約の内容に持ち込むことは、第三者はもとより、裁判官にも許されないのが私的自治の原則であるということになります。

もとより当事者が予測していない新たな事情が契約後に生ずることもあるし、当事者の契約した内容が不備・欠点があることも稀ではありませんから契約の内容を補充し、完成する必要が生ずることがあります。また私的自治の原則も法により制限される場合があることは言うまでもありません（例えば民法第九十条の公序良俗による制限や利息制限法による契約の内容の変更のような多くの強行規定参照）。しかしいずれにもせよ、言葉の解釈によって、当事者の意欲した内容を確定することが先決の問題でありまして、解釈により確定された契約の内容を決定した上で、この内容が強行法に触れるかどうかと言う問題が出てくるのであります。

六　ポーシャの判決

この契約の解釈の問題を面白い角度から取り扱ったものに、シェイクスピアの有名な戯曲「ベニスの商人」があります。ユダヤ人の金貸しシャイロックと商人アントニオの取り交わした証文を解釈した裁判官ポーシャの判決であります。

ご承知のように、シャイロックはアントニオに三千ダカットの金を貸して、期日までにその金を返済できぬときには体の肉一ポンドを切り取ってよいという契約を結んで、その旨の証文を取ったわけですが、裁判官のポーシャは、その証文を解釈して、文面には「肉一ポンド」とはっきりと書いてあるが「血」は一滴とも書いてない故に、「この商人の肉一ポンドはお前のものである」と認めた上で、「さぁ、肉を切り取るが良い。血を流してはならぬ」と判決して、シャイロックを閉口させるのであります。

芝居の筋書きとしては、絶体絶命の立場に立たされたアントニオを救うポーシャの機転として、まことに面白いのでありますが、ポーシャのこの証文の解釈は、まさに証文の言葉尻を捉えた—旧民法の条文によるなら、「当事者ノ用ヰタル語辞ノ字義ニ拘」った—牽強附会・こじつけの解釈という他はありません。

死体ならいざ知らず、生きた人間から肉を切りとって血が出ないわけがない。

「肉一ポンド」という証文の言葉は、「命をかけて借金を払う」という意味で、アントニオにもシャイロックにも了解がついているので、ここに「肉一ポンド」を切り取れば血も流れるし命も落としかねない意味で、この「肉一ポンド」という言葉は一義的に定まっているはずです。「肉」という言葉は、時と場合によって色々な意味があるとしても、当事者の間には了解がついていて、誤解も錯誤もないのでありますから、裁判官といえども、この当事者の間に一致した意味内容について、勝手に第三の意味を持ち出すことは出来ないはずであります（命を担保として借金をするという契約の内容が確定した上で、そのような内容の契約を法が許すか否か—たとえば現行民法の話であれば、民法第九十条による契約無効—が次の段階で問題になるに過ぎません）。ポーシャの裁判は、結果的に名裁判—大岡裁き—とは言えても、解釈の方法としては、間違った裁判という他はないのです。

イェリンクは「権利のための闘争」という有名な著作の中で、ポーシャの裁判を厳しく批判しております。「およそ血のない肉などあるだろうか。裁判官が肉一ポンドを切り取る権利を判決で認めたからには、肉と不可分の血をも認めたことになる。シャイロックは裁判官によって自分の権利を騙し取られたと言ってよい。—もとより人間性のために行われたことであるとしても、人間性のためだからと言って、不法は不法でなくなりはしない」云々。

イェリンクは、この著作の中では、契約の解釈を直接の問題としているのではなく、裁判官が一旦はシャイロックの権利を認める判決を下しながら、不可能な執行を強制する点を、裁判官の欺瞞として攻撃しているのですが、ここでポーシャの行った証文の解釈こそ言葉の本来の性質に反した、日常生活の経験に反する、間違った解釈の方法であることが重要なポイントであると申すべきでありましょう。

七　言葉の多義性と解釈の多様性

同一の言葉・文章について複数の意味が結びつくという言葉の多義性は、同一の言葉・文章について多くの異なった解釈がなされ得るという事実を意味します。問題となるのは、その複数の解釈・意味付けの内、いずれがより正しい解釈として他の解釈に優先し、あるいは過った解釈として斥けられるか、つまり一義的に解釈を定める必要があるか、それとも複数の解釈には夫々の存在理由があって、必ずしも一義的に解釈する必要がないか、ということであります。

ご承知のとおり、法律学でもこの点は解釈方法論の重要な問題として争われる所で、法の解釈論として、立法者の意思を歴史的・主観的につまり一義的に解釈するべきであると主張する立法者意思説と、立法者の主観的判断を離れて、法文の客観的意味を時々の社会の必要に合わせて流動的に解釈すべきだとする法律意思説との対立があり、意思表示・契約の解釈論の場面でも、いわゆる意思説・主観説と表示説・客観説の対立があります。現在までの所、わが国の学説は、法解釈についても、意思表示解釈についても客観的立場―多義的解釈を認める立場―が主流を占めていますが、私はいずれの場面でも、一義的解釈を必要と考えて、主観説の立場が正しいと思います。

三権分立の制度における法による裁判という建前は、立法者が法によって命令した規範内容を、裁判官が忠実に実現することを当然に予定しているのですから、立法者の具体的な意思内容を歴史的に探究することが必要であり、法文のそれ自体多義的な意味を利用して、裁判官が勝手な意味内容を創造することは許されない（ポーシャが契約の拘束力の源泉である当事者の一致した意思を無視して「肉一ポンド」に勝手な意味を創造したのも同じ過ちであります）。

また言葉の多義的な意味は相互に矛盾し、論理的にはなんの繋がりもありませんから、多義的な法解釈は互いに衝突し矛盾する規範を作り出して、法秩序は混乱を来します（法的安定性の欠如）。また契約自由・私的自治という理念は、当事者の主観的判断が、当事者の間の秩序を最も合理的に保証するという考えに基づくもので、当事者がたまたま用いた言葉の客観的意味は、秩序を支えるに足りる合理性をなんら保証しないからであります（血のない肉というほど非合理的な観念はないでしょう）(4)(5)。

(4) これに比べて、例えば文学作品の解釈というような芸術の場面では、一般に法の解釈におけるような一義的解釈の必要はなさそうであります。ある文学作品について、読者は原作者の想念とか意図を離れて、様々な自由な解釈が可能であるし—といってもどんな勝手な解釈でも良いというわけではないようですが—ここでは寧ろ言葉の多義性が、その作品の奥行きを深め、芸術的な価値を高める点で積極的に働くということも、事実でありましょう（この点については、敬愛する俳人のM先生からご教授を受けた「去来抄の一節—岩鼻やここにもひとり月の客—の一句をめぐる作者去来とその師芭蕉との対話が想起されます）。

(5) そのような意味では、元来文学作品である「ベニスの商人」のなかに登場するポーシャの裁判を、法律学の目で、目くじらを立てて議論すること自体が少々滑稽なことかも知れません。ただ、法律家の目から見ても、法律学の核心に触れる重大な問題が読み取れる、という意味で、「ベニスの商人」の持つ多義的な文学的奥行きの深さに感じいるばかりであります。

八　シャイロックの悲劇と詩人ハイネ

詩人ハイネは、「ベニスの商人」の芝居を観て、慟哭したと伝えられています。

自分もユダヤ人であり言葉に生きた詩人ハイネは、ユダヤ人であるが故に、自分の言葉—約束—を奪われて、自分の権利を踏みにじられるシャイロックの姿をわが身に引きつめて、この芝居の悲劇性を傷ましく読み取ったのでありましょうか。ハイネと言えば、私がかってハイネの故郷であるデュッセルドルフの公園で見た、ハイネの銅像を思い出します。巨大なハイネの顔が粉々に砕けたまま、公園の芝生の中に散乱しているという異様な銅像でありました。銅像の作者によれば、これはハイネの限りない苦悩を表現したものであると申します。

ポーシャは、正義と人道を旗印として、証文の文言を解釈しました。「命をかける」という当事者の一致した契約の意味は、「血のない肉」という第三の意味にすり替えられたわけであります。自分が自分の言葉に与えた意味を奪われたシャイロックは、自分の言葉を奪われた哀れなユダヤ人でありました。人間が言葉を持った動物であるとすれば、言葉を奪われた人間は動物でしかない、ということになりましょう。この意味で、ポーシャの下した解釈ほどに非人間的な解釈はなく、この裁判ほどに非人間的な裁判はない、ということになりましょう。

言葉は、その言葉を用いた人が相手に伝えようとした意味がその言葉に化体されている限りに於て、その人自身の言葉であり、その人の人間性の発現と言うことが出来ます。人間もその言葉も、それ自体としては、常に必ずしも人間的なものでもなければ、正義に叶うものではありません。法の世界における言葉の解釈は、その言葉を発した人の生の主観的な意図を、正確に再現し発見する方法であるべきと思います。解釈の結果として判明した言葉の作者の意図が人道に反し正義に反するものであるならば、裁判官は―そして裁判官として登場したポーシャは―その作者の意図に法的な支持を拒否すれば良いのであって人道・正義に叶う意味を勝手に捏造するべきではなかったのです。ここでポーシャが作り出した言葉の意味こそは「血のない肉」のように、命の失せた死んだ言葉でしかなかったのであります。

付録

鑑定書

ハンセン病国家賠償請求の期間制限について

二〇〇〇（平成12）年

編者前書き

一　二〇〇〇（平成一二）年五月、内池先生は「ハンセン病国家賠償請求の期間制限について」と題する鑑定書を熊本・東京・岡山の三地方裁判所に提出したが、そこに至るまでの経緯は次の通りである。

内池ゼミの一期生に森元美代治君がいた。彼は一九六六（昭和四一）年金融機関に就職するが、四年が経過した頃、「皮膚に湿疹ができ医師に相談したところ『都会の空気が合わないため生じたものであり故郷に帰って転地療養をした方がよい』と言われたので、会社を辞め喜界島（鹿児島県奄美郡）へ帰ることにする」と言って先生やゼミ仲間の前から姿を消した。以後音信不通の状態となる。実際はハンセン病を再発し、ハンセン病の療養所である「多磨全生園」（東京都東村山市）に入ったのである。

一九九六（平成八）年四月一日にらい予防法が廃止され、半年が経過した一〇月二日の朝日新聞に森元夫妻の写真入りの記事が掲載された。

そこにはハンセン病で隔離された森元夫妻がカミングアウトし、偏見と差別の無い社会を目指して活動することや「証言・日本人の過ち――ハンセン病を生きて」を出版したことが書かれていた。消息不明になってからなんと二六年の月日が経っていた（四五頁の「教え子の消息を知って」参照）。そしてその直後の一一月一六日に開催された内池ゼミのOB会に彼は同じくハンセン病の回復者である奥さんを同伴して出席した。

　彼の経過報告を兼ねた挨拶のあと挨拶に立たれた内池先生は「九十九匹の羊は自分の目の届く所にいて安心だったが、一匹の迷える子羊だけがどうしても行方がわからなかった。その森元が今夜自分の胸に飛び込んできたのだ。こんな嬉しいことはない。教師冥利に尽きる」と話され、壇上で彼を抱きしめた。

　彼は先生の胸に顔を埋めて泣いた。妻の美恵子さんも泣いた。そして会場にいた他の出席者も泣いた。

　それから時が経過し、二年後の一九九八（平成一〇）年七月、ハンセン病原告団は、ハンセン病者を隔離する必要性が失われた一九六〇（昭和三五）年以降も漫然と隔離政策を遂行した国に対し、損害賠償を請求するらい予防法違憲国家賠償訴訟を熊本地裁に、続いて東京地裁、岡山地裁に提訴した。森元君も原告団の一人となった。

　一年が経過した頃、弁護団の代表徳田靖之弁護士より森元君のところへ、「被告・国は、被害者の権利行使すべき除斥期間の二〇年が経過しており、賠償請求には応じられないと主張している。弁護団ではこれに対応すべく時効問題の権威を捜していたところ、内池慶四郎氏の論文を発見した。そのことを弁護団で話していると、弁護士の一人から「森元さんは内池ゼミの出身です」という話しが出、大変びっくりした。ついては、森元さんと私とで、内池先生に鑑定書を書いてもらえるよう頼みたいので連絡を取って欲しい」との電話があった。

　早速、森元君と徳田弁護士とで、面談の上先生にお願いしたところ、快く承諾され、書き上げられたのが後出の鑑定書である。

二　先生は、「法学研究」その他の研究雑誌に発表した民法七二四条に関する論文を「不法行為責任の消滅時効」として一書にまとめ、一九九三（平成五）年に出版されている。七二四条後段は、「不法行為による損害賠償の請求権は、不法行為の時から二〇年を経過したときに消滅する」と規定しているが、この場合の「不法行為の時」とは損害発生の原因となる行為ないし事件が生じた時であり、「二〇年」とは除斥期間を意味するというのが判例通説とされていた。被告・国側もこの考えに基づいて、原告側の請求権は昭和三五年には既に行使できる状態であったから、それから既に二〇年の除斥期間を経過しているので消滅したと主張していた。

この点につき先生は、一概に不法行為といっても、不法行為が即時になされる事例もあれば、長期にわたって継続して行われる場合もあるし、損害の性質も様々であることから、七二四条をめぐる多数の判例を腑分けし、事案を類型化すれば、必ずしも原因行為時を時効ないしは除斥期間の起算点とするものではないことを論証した。更に、通説とされている除斥期間説に対しては、立法過程を踏まえた上で、時効説を唱えていた。弁護団代理人はこのような内容を持つ先生の論文を読み、快哉を唱えたのではなかろうか。

三 先生は、鑑定書においては、二〇年期間が時効か除斥期間であるかの理論的問題について持論の時効説をことさら論じるのではなく、ハンセン病者の被害の実態を直視し、その被害は長期間の隔離による進行性・累積的被害であるとした。更に、二〇年期間を除斥期間であると解しても、時効と同様に期間の進行が停止される場合もあることや、本事案では信義則、権利濫用の法理を顧慮することの重要さを説き、除斥期間説に与すると思われる裁判所への配慮をにじませる内容となっている。

原告団は、内池鑑定書をよりどころにして法的主張を組み立て、熊本地裁判決もまた、二〇〇一（平成一三）年五月一一日、「(原告らの）被害は、療養所への隔離や、新法及びこれに依拠する隔離政策により作出・助長・維持されたハンセン病に対する社会内の差別・偏見の存在によって、社会の中で平穏に生活する権利を侵害されたというものであり、新法廃止まで継続的・累積的に発生したもの」と述べ、除斥期間の起算点となる「不法行為の時」は、違法行為が終了した一九九六（平成八）年の新法廃止時と解するべきだとして、原告らの請求を認めたのであった。五月二三日、国側は控訴を断念した。これにより、熊本地裁判決は確定し、後続するハンセン病国賠訴訟もすべて和解で終結した。

（水藤一彦・三上雅通）

一　総説

（一）期間制限の諸制度における時間経過の意味について

消滅時効や除斥期間は、いずれも一定の時間の経過を要件として、権利の存在やその行使を制限する制度である。そして時効の存在理由としては、永続した事実状態の維持とか権利の上に眠る者を保護せず、あるいは長期間経過後における権利消滅の蓋然性ないし弁済の推定というような理由が引かれ、除斥期間のそれとしては、権利関係の速やかな画一的確定といった理由が説かれていることは周知の通りである。すなわち、時効・除斥期間いずれの制度においても、いわゆる「全てを改変し全てを否定する時間の力」すなわち時間の経過に伴う権利否定的な力（Grawein, Verjährung und geseziche Befristung, 1880, S. 208）が、その期間制限の効果を支える法理の根幹をなすものとされている。

しかしながら時間の経過は、現実の社会生活において、常に必ずしも権利否定的方向にのみ限って働くものではない。例えば、かなりの時間を経て、当初は闇に包まれていたある行為の違法性・有責性や行為と損害との複雑な因果関係が、次第に明瞭に認められ得るような場合があり、初めは漠然としていた権利の存在が、長期間を経て漸く明瞭となる場合がある。同様に、従来長期にわたって権利行使を妨げて来た法的・事実的ないしは社会的な障害が除去されて、その権利行使が初めて可能となり、その行使が一般的に期待され得るに至るような事例が数多く存在することは、経験の教えるところである。

学問の進歩が従来の誤れる知見・偏見を変更して、正確な事実の認識を可能とし、あるいはその科学的認識に対応して、法的・社会的事情を変化せしめるような場合には、まさしく時間の経過によって、本来護られるべき権利の存在が明らかとされ、その行使が初めて可能となる。それ故に、このような場合の権利者にとって、単に時間経過の一事を以てその権利が否定されることは、著しく正義に反し合理性を欠く結果となる。

とくに不法行為の場面においては、近時の公害・薬害・職業病等の事例が示すように、かなりの時間を経た後に種々の損害が現実化し、長期の調査・探索の末に加害者側の行為の違法・有責性・因果関係が明瞭となって、被害者の権利の存在が明確となり、あるいはその権利行使に法的・社会的障害が除去されて、権利行使が権利者側に一般的に期待され得る状況に達する場合が多く認められる。このような段階に達して、時効あるいは除斥期間などの期間制限の制度は、初めてその本来の意味を有するのである。その意味で、本件における二〇年期間の経過の意味を問うことは、まさしく重大な意義を有するものと思われる。

（二）期間制限の法制度の危険性と権利保護の必要

基本的人権は憲法により永久に護られるべきものとして国民に認められた権利であり、その制限は立法・行政上極めて慎重に扱われる必要があることは言うまでもない。とくに権利の存続・行使上の期間制限に関する時効や除斥期間などの法制度は、上述したようにその制度に内在する合理性を保つ範囲で法制度たり得るもので、それを逸脱して適用される場合には、本来護られるべき権利の不法かつ不当な剝奪として、甚大な悲劇的結果を招来することを戒心するべきである。

かつてドイツ民法典の制定に際して、ヘルダーは次のように指摘している。「時効は、習俗や学問の所産でなく立法の所産である故に、本来は生活と学問の自由な進歩発達に委ねるべき領域に於て、時効ほどに不公平と権利侵害という二重の危険をはらむ法制度はない」（E. Hölder, Normierung der Verjährung im Entwurfe BGB, S. 217, 1896)。時効においてすでに然りとすれば、援用・起算点・停止・中断等の点で法文に明文の規定を欠き、時効に比してより硬直した運用に陥りやすい除斥期間については、その危険はなおさらのことである。自然科学の進歩により、あるいは社会的状況の変化に伴い、従来の歴史的誤謬が明らかとなり、それまで認められなかった権利が長期経過の後にようやく確認され得る場合、そして権利者にとって自己の権利の現実の行使・実現になお長期にわたる努力と苦痛を必要とする場合の過去の事例は枚挙にいとまないが、本件の如きは、まさにその著例と言い得るであろう。

（三）民法七二四条後段所定の二〇年期間の制度趣旨について

本件において争点とされている民法七二四条後段の二〇年期間の法的性質については、周知のように消滅時効か除斥期間かに関して判例・学説が分かれている。卑見は、本条の立法経緯・法規の明文・法理上の理由また実際上の結果の妥当性等の理由より、これを時効と解するのを正当な解釈と信ずるものであるけれども、本件のような事案に関する限りにおいては、現在の学説・判例の理論状況から見るならば、この二〇年期間を時効・除斥期間いずれに解する立場に立つも、同様の結論に達するものと考えるものである（ここでは二〇年期間の法的性質論の詳細に立ち入ることは控えるが、卑見がこの二〇年期間を時効と解する解釈論の根拠については、付加資料・拙稿「民法七二四条後段の注意—二〇年期間の法的性質について—」参照）。

時効制度においては、権利の上に眠る者を保護せずとの理想を根拠とする故に、権利行使の可能性あることを適用の当然の前提とするが、権利行使の可能性を予定する点では、除斥期間の制度においても違いはない。除斥期間は一般に権利の存続あるいは行使の期間と解されているが、除斥期間を権利存続期間の制限と解するならば、権利行使の機会のない権利に存続期間を設けることは何の意味もないことであるし、除斥期間を権利行使の期間制限と解するならば、行使出来ない権利に権利行使の制限を設けることは背理でしかないからである。

また除斥期間の制度目的として、法律関係の迅速な画一的確定の必要が屢々説かれる。確かに、例えば売買契約における売主担保責任のように、日常頻繁に行われ、かつ製造業者・卸売商・小売商・消費者の間に連続してなされるのが常である取引においては、先行する売主その他の第三者の責任が過去に遡って及ぶ不安定な状態を遮断するという取引安全の要請のために、短期除斥期間により法律関係の迅速な確定を図ることに合理性がある（また取消権・解除権のような形成権についても、その権利が一方的意思表示によって容易かつ迅速に実現され、その効果が第三者に直接の影響を及ぼす可能性が大きな権利については、除斥期間による制限の合理性がある）。しかしながら、不法行為による損害賠償請求の場面においては、かかる特殊な取引上の迅速かつ画一的法律関係確定の必要は存在しない（仮に民法七二四条後段の二〇年期間を除斥期間と解するとしても、請求権という権利の性質よりして、その効果が法律関係の迅速かつ画一的な確定とはならないことは、後述する通りである）。また民法七二四条前段の三年期間は、法文上明らかに短期消滅時効の規定であるけれども、この短期時効は、被害者が自己の権利の即時の行使可能性を現実に認識しているという特殊な状況に基づくもので、迅速画一的確定といった取引安全とは関係がない。

(四)　本件原告の権利行使の意味について

本件においては、特に権利者たる被害者が自己の権利を主張・行使することに、重大な法的ならびに事実上の困難が伴っていることに注目する必要がある。新旧「らい予防法」が廃止されたことは、形式的には権利者の権利行使について法的障害が消滅したかのように見えるが、ハンセン病患者が漸く認められた自らの権利を主張して社会復帰を果たすことは、過去において法的・制度的に妨げられていたにとどまらず、現在も実際に存在する重大な社会的差別と偏見にみずからと家族の身を晒す深刻な苦痛を伴うものであり、「らい予防法」の廃止の実効を享受するために、今なお被害者に強いられる重い犠牲とも言うべき行為である。この権利行使に際して被害者に要求される困難と苦痛が、本件請求の大きな特質をなすものであり、単に「らい予防法」廃止を以て、被害者に直ちに権利行使の機会が保証されたと言うごときは、ことの実態を無視した机上の空論に等しいであろう。

二　具体的論点

以下に於ては本件において争点となると予想されるいくつかの問題について検討する。すなわち（一）民法七二四条後段の二〇年期間の起算点、（二）権利者における権利行使上の障害と期間の進行―除斥期間と時効停止の関係、（三）除斥期間と信義則・権利濫用の法理、（四）除斥期間の利益と加害者側の承認・謝罪等の行為等の諸点である。

（一）二〇年期間の起算点たる「不法行為ノ時」について

民法七二四条後段の二〇年期間の起算点である「不法行為の時」は、この期間を時効・除斥期間いずれに解するとしても、本事案においては、不法行為の継続性が問題となる故に、特に重要な問題点となる。

過去の学説判例には、この「不法行為ノ時」を損害発生の原因たる行為ないし事件（原因行為）と解して、その原因行為から遅れて損害が発生する場合には、その原因行為のなされた時点より期間が進行を開始すると説く立場（原因行為説）が多いけれども、これは例えば交通事故とか傷害といった単一かつ一過性の原因から物の毀損ないし治療費・逸失利益というような単一の損害が発生する場合（多くは原因行為と結果たる損害とが殆ど同時に発生する事例）を前提とするものであり、そのような事例に関する限りでは、一応の合理性が認められる。

しかし現実生活においては、監禁・拘束とか不法占拠あるいは騒音・水質汚染といったように、不法行為が長期にわたって継続・持続的に行われる場合があり、損害の発生状況や損害の性質も長期に及ぶ健康被害（特に持続的後遺症や被害後に潜伏期の長い職業病）や生活利益の累積的侵害のように極めて多様であるところから、加害行為の類型や被害状況の差異に応じて、その起算点の確定は慎重でなければならない。特に継続的な不法行為や進行性・累積的損害については、単純に原因行為時から期間を起算することは、不法行為の継続中に加害者を免責する反面において、現に被害を受けつつある被害者に救済の道を閉ざすというような、極めて不当かつ不合理な結果を生ずるところから、近時の多数の判例・学説が時効説・除斥期間説いずれの立場からも、継続的不法行為の終結とか損害発生の進行停止時あるいは顕在時等を起算点として、又あるいは鉱業法一一五条の類推適用など、それぞれの事案について妥当な結論を導く努力を重ねて来ていることは周知の通りである。**注1・2**

注1　従来の判例学説における継続的不法行為や各種の損害態様における起算点確定の問題処理に関しては、拙稿「継続的不法行為による損害賠償請求権の時効起算点」（拙著「不法行為責任の消滅時効」所収五七頁以下）、「近時判例における民法七二四条後段所定の二〇年期間の問題性」（同上書一八一頁以下）、「不法行為責任の時効起算点とその原理的課題」（同上書二〇三頁以下）参照。

注2　損害発生時と無関係に原因行為を以て期間の起算点と解するならば、例えば不法行為

たる作為・不作為が継続する途中にすでに損害が発生し了えた場合や、民法七一七条の土地工作物責任において損害が発生した後にも不法な状態が除去されないような場合について、なお起算点が到来しないという極めて不可解な結果を生ずることになる。

民法七二四条の二〇年期間を除斥期間と解した場合においては、期間の停止や中断について明文の規定を欠くところから、その起算点の確定が時効におけるよりもなお重大であるが、その不法行為が継続的作為・不作為にかかる場合には、その加害行為を全一体として捉えて、その行為の終結時より、初めて「不法行為ノ時」としての起算点が到来するものと解することが可能であり合理的でもある。それ以前に期間を進行せしめることは前述のように、不法行為の継続中に行為者に期間経過の利益を認め、権利行使の機会のない被害者に救済を拒否するという不当な結果を生ずる。注3・4

注3　平成元年一二月二一日最判の事例は不発弾処理の事故に関するもので、その不法行為による損害は、単一的事故を原因とする単発的・一過性の傷害であるのに対して、平成十年六月一二日最判の事例は違法接種（単一的原因）による心神喪失という継続的被害が問題となった点で状況を異にし、それに対応して最高裁判所は除斥期間の適用を否定している。本件は、不法監禁ないし立法処置の遅延という継続的加害行為に基づく被害者の生活侵害という継続的損害発生という事例である点に特殊性を有する（さらに加害者の不法行為の直接の結果として被害者の権利行使が妨げられている点で、平成十年最判の事例に共通する）。

注4　なお本件に共通する特質を有する事案として、再審により無罪判決を得た受刑者より先の違法判決とその刑の執行により被った損害の国家賠償を求めた大阪地判昭四八・四・二五（判タ二九五・一三一頁）、大阪高判昭五〇・一一・二六（判時八〇四・一四頁）、広島地判昭五五・七・一五（判時九七一・一九頁）等が注目される。これらの事案においては、加害行為の継続性と同時に被害の継続性が問

題とされているとともに被害者の権利行使についての法的な障害が問題とされている。これらの判決は、民法七二四条の二〇年期間を除斥期間と解しながら、違法判決からそれに基づく刑の執行までを一体の継続的不法行為と解し、刑期満了時を以てその行為終了時としながら、再審による無罪判決の確定までは損害賠償請求権について法律上ないし事実上の権利行使の障害があることを理由に除斥期間は進行しないものと判示している（これらの判決については拙稿「続・近時判例における民法七二四条後段所定の二〇年期間の問題性」・同上書二一六頁参照）。

なお民法七二四条の起算点としての「不法行為ノ時」の確定については、加害行為により発生した損害の性質に着目する必要がある。学説の争いがあるが、この二〇年期間の性質を時効・除斥期間のいずれに解するにせよ、期間の進行開始は問題とされる損害賠償請求権の成立・存在を前提とするものであって、不法行為責任の成立要件は損害の発生を当然に含むものだからである。原因行為のなされた後に期間を経て損害が発生し、あるいはなお損害の進行が継続しているような場合に、当初の原因行為を起算点として、期間を進行させ完成させることは、単なる時の経過により加害者を免責し被害者に責任のない不利益を負わせることになり、何の合理性も認め難い。注5・6

注5　鉱業法一一五条一項が二〇年期間の起算点を「損害の発生の時」と定め、同条二項に「進行中の損害については、その進行のやんだ時から起算する」と規定しているのは、土地の掘さく作業による地表陥没のような鉱害が作業後数年を経て発生し、かつ長期にわたって進行を継続するような事例を考慮したものとされているが、このような継続的・進行性の損害発生は一般の不法行為にも屡々見られる状況であり、民法七二四条の二〇年期間の起算点についても同様に解釈すべきである。民法七二四条を除斥期間と解する判例・学説にも、この鉱業法の規定の類推を主張する立場が有力であることは周知の通りである。このことは法律関係の速やかな画一的確定を図るとする除斥期間も、その機械的適用がもた

らす危険を、損害発生を配慮した起算点の決定により回避しようとする解釈論の努力として評価される。

注6　除斥期間説の立場から継続的不法行為について鉱業法一一五条の類推を説く学説として、石田・民法講義6・三九〇頁、川合・不法行為法二八三頁等。除斥期間の起算点を権利侵害時＝損害発生時＝と主張する学説として、四宮・事務管理―不当利得―不法行為（下）六五一頁、浅野・新判例解説（判タ三九一）五三頁等。

とくに本件における被害は、長期間の強制隔離による被害者の生活全般にわたる継続的被害であり、例えば不動産の不法占拠における継続的被害（地代・家賃相当額）のように単純に日割り計算できないものである。単に拘束期間中の経済的・精神的被害にとどまらず、時間の経過に従って被害者の高齢化が進み、社会復帰の可能性が失われて行く状況からしても原状回復は極めて困難であり、これをいわゆる進行性・累積的被害と見ることが事態に則した見方と言うべきであろう。注7

注7　東京地裁昭五六・九・二八判決（判時一〇一七・三四頁・クロム労災訴訟）、宮崎地裁延岡支部昭五八・三・二三判決（判時一〇七二・一八頁・松尾砒素鉱毒訴訟）、前橋地裁昭六〇・一一・一二判決（判時一一七二・一五頁・じん肺訴訟）等の事案における癌・塵肺等潜伏期の長期にわたる重度の疾患・職業病が継続的被曝によって発生した事案参照。この類型の事例の期間起算点については、拙稿・前掲「続・近時判例における民法七二四条後段所定の二〇年期間の問題性」二二八頁以下参照。

（二）権利者の側の権利行使の障害と期間の進行について

時効に於ては、民法一六六条一項に「権利ヲ行使スルコトヲ得ル時ヨリ進行ス」ることが明定されており、権利行使が期待できない状況についても同一五八条以下に種々の停止事由が規定されていることから、権利者側における権利行使の障害が、その期間の起算や進行を妨げることは明らかである。除斥期間については、かって停止を否定する少数説があったが、現在の通説的見解は、除斥期間についても広く時効停止の規定の類推を認めようとするものであり、これを肯定する従来の判例も多い。前述のように、除斥期間といえども、権利行使の障害がある場合には、権利者の責めに帰すべき理由がない限りは、時間経過の一事を以て権利を消滅させることが不合理であり正義に反する故に、この見解は特に民法七二四条の二〇年期間については、正当と言わなければならない。注1・2

注1　除斥期間の公益的性質を理由として停止を否定する旧時の学説として、例えば中川(善)「身分権と時効」三〇頁。これに対して、除斥期間に時効停止を広く類推すべきことを主張する立場として、例えば我妻・新訂民法総則四三七頁、川島・民法総則五七四頁、四宮・民法総則三三〇頁等近時の多数学説参照。民法七二四条の二〇年期間を除斥期間と解しつつ、同一五八条の時効停止規定の類推を認めた平成一〇年六月一二日最判（多数意見）や平成六年三月一六日大阪高判等は、この通説的見解によったものと言えよう。特に民法七二四条の期間について「公益性」が疑問であることは後述する。

注2　ドイツ民法一二四条が取消権の除斥期間に時効停止の準用を明文を以て規定するように、除斥期間という制度と時効停止の規定とは必ずしも矛盾するものでない。日本民法七二四条に相当するドイツ民法八五二条の三〇年期間が時効であることには、解釈上異論がない故に、これに時効停止の規定が適用されることは当然である。さらに同条二項の新規定に見られるように、不法行為による損害賠償請求権については、当事者間に損害賠償をめぐる協議が進行中は、時効の進行を停止するという新たな停止事由が認められていることは、不法行為の面における時効停止事由の拡張の動きとして注目されわが民法の解釈上も参考となる。わが民法の明定する時効停止事由が、諸外国の法制に比較して狭きに失することも留意するべきであろう。

除斥期間における時効停止事由の承認は、すでに過去の多くの有力学説の認めるところであったが、とくに本件に関連する権利行使の障害の問題については、再審無罪判決を得た受刑者よりの国家賠償訴訟や予防接種事故による被害者よりの国家賠償訴訟に於て、二〇年期間を除斥期間と解しながら、被害者における権利行使の困難性を顧慮して権利保護を図った近時多数の判例が存在することは前述の通りである。これらの事例については、二〇年期間の起算点である「不法行為ノ時」の確定の問題とともに、期間の進行や満了についてもまた、被害者における権利行使可能性が問題とされるべき具体的事情が存在することを示すものとして重要である。注3

注3　拙稿「続・近時判例における民法七二四条後段所定の二十年期間の問題性」（不法行為責任の消滅時効所収二一六頁以下）、「近時最高裁判決と民法七二四条後段の二〇年期間」（法学研究七三巻二号一八八頁以下）参照。

（三）除斥期間と信義則・権利濫用の法理

時効については、形式的には起算点より時効期間が経過していても、時効の利益を肯定することが正義・公平・条理に反するような当事者間の特殊な具体的事情が認められる場合がある。かかる場合に当事者の時効援用が信義則違反又は権利濫用として否定されるべきことは、近時多くの学説・判例が一致して認めるところである。この点は除斥期間についてどのように扱われるべきであろうか。

もとより時効あるいは除斥期間といった法定の期間制限の諸制度については、信義則又は権利濫用等の一般条項を適用するに際しては、その判断が恣意に流れる危険を避けるために、要件の存否を検討する上で慎重な態度が要求される。しかし加害者側において、事態の解明を妨げ、被害者側の権利の認識・行使に支障を与えるような積極・

消極的態様が認められる場合には、当該の期間経過の責めを負うべきは加害者であって、信義則又は権利濫用の法理を適用して期間経過の利益を否定するべきことは、時効も除斥期間も変わりはないものと言わなければならない。注1

注1　例えば加害者側による不法行為と損害発生の事実や因果関係に関する重要な資料の隠匿、不実記載、偽証等による事態解明の遷延や被害者の権利行使妨害といった状況は、除斥期間においても時効と全く同様に生じ得る事実である。加害者側に悪意がなくとも、損害の補償・賠償をめぐって当事者間に協議が進行している場合には、加害者側の態度によって、被害者に円満な解決を期待させ、即座に訴を提起する必要を感じさせない状況が存在する。前記ドイツ民法八五二条二項の協議進行中の時効停止規定は、かかる場合に被害者の権利行使が期待できない事情を顧慮したものである。

時効において信義則又は権利濫用の問題が、もっぱら「援用権」の信義則違反ないし権利濫用という形で取り上げられているのは、民法の時効が当事者の援用を待って裁判所が判断すべきであるという民法一四五条の構造から、とくに援用の場面で信義則・権利濫用の問題を処理しているに過ぎない（例えば会計法三一条の時効のように、制度上援用を要しない時効でも、具体的事情により信義則・権利濫用の問題は生じ得る）。裁判所の判断に当事者の援用を要するか否かという時効と除斥期間の区別は、期間経過の利益を認めることが当事者間の具体的事情から許されるか否かという判断とは関係がないものである。当事者の主張をまたずに裁判所が当然に職権判断すべき除斥期間においても、その期間の経過を認めることが当事者の具体個別的事情の下に正義・公平・条理に反することが明らかであれば、これを顧慮して期間経過の効果を否定すべきことは当然といえよう。注2

注2　時効においても、当事者の具体的事情に

より期間経過の利益を否定すべき場合は援用の場面に限らず、起算点・期間進行の停止・中断あるいは期間経過後の債務承認・利益放棄・弁済等の面で問題となり得る。これらはいずれも除斥期間についても同様の問題を生ずるもので、前掲平成一〇年六月一二日最判において民法一五八条の時効停止事由を除斥期間に類推したような事例もその一場面ということができる。

　この点で、前掲平成元年一二月二一日最判が、当事者の主張がなくとも請求権が消滅したものと判断すべき「除斥期間の性質」を理由に、信義則違反又は権利濫用の主張を「主張自体失当」と判示したことは、民法七二四条の二〇年期間を除斥期間と解したとしても、はなはだ疑問の多い論理である。本判決に対する卑見については、私法判例リマークス一九九一・七八頁参照。除斥期間と信義則・権利濫用法理の問題一般に関する学説判例の状況については、渡辺（博）「除斥期間と信義則・権利の濫用をめぐる適用関係論」判評四一九・二頁以下参照。

私人より大企業に対する公害訴訟に屡々みられるように、原因行為と損害発生についての因果関係に関する専門知識やそれに関する資料収集が企業側に集中している場合には、一般私人の側が損害賠償請求権を基礎づけるために、多大の努力・費用・時間を要し、その権利行使が容易でない場合が多い。とくに本件のように、専門的医学的知見が前提となり、国側が伝染病の予防という社会防衛の名のもとに患者の強制隔離を強行して来た事例においては、国に於て被害の実情に関し必要なあらゆる措置を尽くして迅速に調査検討してこれに対処する法的かつ行政的責務を負うものであり、それに耐える能力を期待されて然るべきものであろう（民法七二四条後段の二〇年期間の保護利益は、主として長期間経過後の被告側の応訴における防御困難の救済にあるが、被害者に比して格段の専門的知見・資料収集の能力がある国側においては、その保護の必要性について疑問なしとしない）。

前述のように、このような国側に対する被害者側の権利行使が、従来よりの国側の対応それ自体により困難とされ、さらに被害者にとって自己の権利を主張することが、一般の不法行為の被害者に比して格段に厳しい負担となっている事例について、期間経過の一事を理由にその救済を阻むことが、果たして正義・公平・条理の上で認められるかは、極めて疑わしいものがあろう。

(四) 期間経過の利益と加害者の承認・謝罪等の行為

期間経過による時効の効果として債権は「消滅」することになるが（民法一六七条）、完成した時効の利益は放棄することが出来るし（一四六条）、時効の完成を知らずに債務者が債務を承認しあるいは弁済した場合にも、その承認や弁済が有効であって、その後に債務者が時効を援用することは信義則に照らして許されないことは、今日学説判例の一致して認めるところである（最高裁昭和四一年四月二〇日大法廷判決・民集二〇・四・七〇二頁参照）。民法七二四条後段所定の二〇年期間を時効と解する立場においては、このことは自明のことがらであるが、この規定を仮に除斥期間と解する場合に、果たして結論は異なるであろうか。

期間経過の効果の問題は、個々の期間規定の立法趣旨にしたがって検討するべきことであるが、民法七二四条後段の二〇年期間に関する限りは、これを除斥期間と解するとしても、その期間経過の効果は、もっぱら長期間経過後の加害者側の応訴に際してその防御の困難を救済するという私的利益に尽きるのであり、その利益の放棄が認められるべきことは、時効の場合と異ならない。法律関係の速やかな画一的確定という除斥期間の公益的性質が説かれるとしても、当事者間の個別具体的な事情を無視して、被害者の権利保護を画一的に打ち切るほどの「公益」が、果たして不法行為の場合に存在するかは甚だしく疑問である。注1・2

注1　福島地裁磐城支部昭和五八・一・二五判決（判タ五〇六・一四二頁）は、傷害後二〇年経過後に不法行為者より被害者に謝罪がなされ、その後に時効が援用された事例について、時効完成後の債務承認があるものとして、時効援用が信義則に反するものと判示し、この期間を除斥期間と解するとしても、結論に変わりがないと説いている。

また東京地裁平成四・二・七判決（判タ七八二・六五頁）は、二〇年期間を除斥期間と解しながら、除斥期間を主張しない被告の態度に、除斥期間の利益を積極的に放棄する意思あるものと認定している。これらの判決が、時効・除斥期間という概念構成に囚われず、期間経過の利益を実質的に考慮して、当事者間の具体的事情から同様の結論を導いていることは注目して良いであろう。

注2　仮に除斥期間の立法趣旨として「法律関係の速やかな画一的確定」という法的安定性の要求を掲げたとしても、損害賠償請求権に除斥期間を付することは、法律関係の迅速かつ終局的な解決にはならない。すなわち弁済によって権利が実現されるという権利の性質よりして、除斥期間内の権利行使＝裁判上・裁判外の請求＝それ自体によっては、権利は実現されないのであるから、期間内に行使された損害賠償請求権は、結局その後の弁済ないしは時効消滅（民法七二四条前段の三年時効あるいは同一七四条ノ二による一〇年時効）まで保全されることになり、その結果として二〇年期間の満了直前に請求された損害賠償請求権は、画一的な枠とされる二〇年を越えて存続するので、時効期間経過前に権利行使がなされて時効が中断された場合と大差ないこととなる。請求権に除斥期間を付することが、権利の性質上奇妙な結果を生ずることを既に指摘したものとして、川島（武）「時効および除斥期間に関する一考察」（民法解釈学の諸問題一五七頁）。四宮・民法総則三三〇頁は除斥期間説を取りつつ、裁判上の権利行使の結果として保全・確定された請求権については、実質的に中断が認められると言えると説く。

この問題に関連して、本事案においては、平成八年三月の「らい予防法の廃止に関する法律」制定に先立ち、同年一月中に厚生大臣が被害者やその家族に対して「らい予防法」の廃止が遅れたこと等による損害を与えたことに公式に謝罪しており、同法成立に際しては衆参両委員会より遺憾の意の表明とともに被害者の社会復帰や今後の生活安定のため支援策の充実を図る旨の付帯決議がなされている。この点は、本訴請求権の存否や期間の進行・完成についてどのような意味を持つものと評価するべきであろうか。国家賠償責任とは無関係な政治的発言に止まるのか。あるいは過去の何らかの責任と切り離した将来の立法・行政上の態度表明に過ぎないのか。このような国側の態度表明は、その救済を期待する被害者の態度決定及び本件提訴との関係において、損害発生ないし期間経過後における加害者被害者間の特殊な具体的事情として、国の側よりする期間経過の主張が法的に許容されるか否かの判断に、何らの影響を与えないのであろうか、検討を必要とする。

これが法的責任の承認であるとすれば、時効完成後の債務承認ないし期間経過の利益の放棄として、それ以後の期間経過の効果を否定することは明らかである。積極的な債務承認ないし利益放棄でないとしても、このような国側の公な態度表明が、被害者の側に損害の迅速確実な補償を期待させ、その権利行使の態度決定に大きな影響を与えた事実は疑うことが出来ない。発言の意図はいずれにあるとしても、国側のこのような態度表明が、加害者側の債務承認に準ずる態様と評価される余地があり、あらためて除斥期間の経過を主張する国側の態度は、従来の態度を翻して被害者の信頼を裏切るものとして、信義則違反のそしりを免れないであろう。注3

注3　この問題に関連して、大阪地裁昭和六二・九・三〇判決（予防接種ワクチン禍大阪訴訟第一審・判時一二五五・四五頁）が、国は予防接種による被害者に対して損失補償のために最善の措置を取るべき憲法上の責務が課せられているものとし、その責務を果たすためのに予防接種法一六条以下に被害者のための法法的救済が定められ、それに基づく金銭給付等

の行政措置が実施されて来たが、さらに厚生大臣より被害者やその家族に対して、右被害が社会防衛のための犠牲であったことを承認して見舞いする旨の見舞状が交付され犠牲者の精神的苦痛を慰謝する措置が取られて来た事実を認定しつつ、それらも結局は憲法の予定する被害者補償として不十分であったことに、本件原告の損失補償請求権を認めるべき根拠がある、と判示していることに注目される。

さらに本件の第二審において、大阪高裁平成六・三・一六判決（判時一五〇〇・一五頁）は、期間経過後に国が行政救済措置による給付をなした行為を「厳密な意味での債務承認そのものではないが、信義則上民法一四五条の債務の承認に準ずる行為と評価し得る余地が全くないわけではない」と説く（但し本判決は、除斥期間の性質を理由に期間経過後の債務承認の効果を否定しているが、この点は理論的には疑問がある。前述のように、除斥期間でも、時効におけると同様に期間経過後の債務承認の効果を肯定すべきだからである）。

結語

民法七二四条後段所定の二〇年期間が時効か除斥期間かという論争は、民法解釈学の古典的課題であるが、昭和四〇年代以降、数多く登場してきた多種多様な不法行為訴訟における実践的難問を処理するために、近時の学説判例において新たな理論が構築されつつある。現在の時効説と除斥期間説とは、基本的な解釈方法論と理論構成の上では、なお鋭い対立を見せているけれども、起算点や停止・期間経過後の効果あるいは信義則・権利濫用の法理等の適用といった具体的な問題の解決に関しては、いずれの立場においても次第に接近し共通した結論を導くに至っている。このことは最高裁平成一〇年六月一二日第二小法廷判決における多数意見と少数意見とが、除斥期間説と時効説とに分かれながら、期間の効果の否定という結論において一致している事実からも、明らかな事実である。

先に一言したように、卑見は民法解釈学の立場からこの二〇年期間を時効と解する立場を支持するものであるが、近時の民法学の展開状況から見て、時効説・除斥期間説いずれの立場を採るにしても、本事案における実践的課題の解決については、ほぼ同様の結果に到達することを本文において記述したものである。

現代の取引の大規模な拡大と交通・通信・記録保存等に関する技術的進歩は、一般生活における権利者の権利行使を次第に迅速かつ容易なものとし、それに従って時効や除斥期間という権利行使の期間的制限の諸制度に対する社会的要望は、期間の短期化という形で実現されつつある。しかしその反面において、社会の現状は、種々の公害・鉱害・薬害等々に見られるように、従来未知の分野に新たな加害状況と甚大かつ広範囲に及ぶ被害態様を生み出している。とくに不法行為の分野においては、科学的知見の進歩と機械技術の発展あるいは社会観念の発達に対応して、様々な継続的不法行為と進行性・累積的被害が認められるに至り、加害行為と損害との複雑かつ長期にわたる関係が実践的課題として検討されるようになった。ここにおいては、従来の期間制度が前提としていた常識的な時間の枠を越えて、本来護られるべき権利の保護が要求されている。ここに現前する新たな事態に対応を迫られる権利の期間制限に関する諸制度については、極めて慎重な解釈と運用が必要な事は言うまでもない。医学的知見の進歩と社会通念の進展に基づく本件事案の解決は、まさにその試金石と言えるであろう。

内池慶四郎先生略歴

一九三二（昭和７）年七月一四日　福島市生
一九五一（昭和26）年　福島県立福島高等学校卒業・慶應義塾大学法学部法律学科入学
一九五五（昭和30）年　慶應義塾大学法学部法律学科卒業
一九五七（昭和32）年　慶應義塾大学大学院修士課程修了
　同　年　慶應義塾大学法学部助手・民法専攻
一九六三（昭和38）年～一九六四（昭和39）年　福澤基金による第一回義塾派遣留学生として西独ザールラント大学に留学
一九六三（昭和38）年　慶應義塾大学法学部助教授
一九六八（昭和43）年　「出訴期限規則略史―明治時効法の一系譜」（慶應義塾大学法学研究会叢書）により法学博士の学位を取得。同書により義塾賞を受賞
一九六九（昭和44）年　慶應義塾大学法学部教授
一九八二（昭和57）年　西独ザールラント大学に義塾派遣留学
一九九三（平成５）年　「消滅時効法の研究」により福澤賞を受賞
　同年一〇月～一九九七（平成９）年九月　慶應義塾メディアネット所長・兼慶應義塾図書館長
一九九八（平成10）年　慶應義塾大学名誉教授
一九九九（平成11）年四月～二〇〇三（平成15）年三月　帝京大学教授
二〇一二（平成24）年二月一八日　逝去（享年七九）

日本私法学会・比較法学会に所属。

慶應義塾大学法学部司法研究室所長・慶應義塾体育会フェンシング部長・文部省科学研究費助成委員・日本私法学会理事・法学部選出慶應義塾評議員等を務める。

解題

三上雅通

第一章　学者つれづれ

本書に収めた内池先生の文章の成り立ちについて、当時を想いだしつつ綴ってみたい。

第一章は、内池ゼミの機関誌である「流石」に掲載された先生の巻頭言が中心をなしている。筆者は内池ゼミ出身者でないため、「流石」命名の由来をゼミ第一期生である水藤氏にうかがったところ、次のような回答を得たので転載する。

『内池ゼミ一期生二期生合同の夏の合宿が昭和四十年九月一日から五日まで長野県白馬村の松沢館で行われた。この合宿で柄にもなくうまいことを言ったり、巧みに何かをやったり、或いは教養をあからさまに出したりした相手に、半ば感心気味に、半ば冷やかし気味に「サスガ！」と言うことが流行った。

合宿の後半になると、単純に「サスガ！」と言わないで、ひねって音読みで「リュウセキ！」と言うことが流行った。漢字で書くとなかなか風流な味わいのある言葉なので、ゼミ機関誌の創刊号に「流石」という名称をつけた。以後継続して使用されている。』

さすが内池ゼミナリステン。その命名からして、先生特有のウィットとユーモアを受け継いでいる。ゼミ員の方々は、卒業後も「流石」を毎年発行するのみならず、先生を交えての懇親会の開催も欠かすことがなかった。ただし、飲みかつ思い出を語るだけではない。「たまには、先生の講義を聴いて学生時代に戻ってみたい」との思いから、懇親会前には先生に特別講義をしていただいたという。題して「みなと会特別講義」。「**遅刻と早退について**」及び第二章所収の「**師と弟子と**」は、みなと会特別講義の記録である。

ところで、先生の「流石」巻頭言は、平成の時代になってから字数も増え、内容も急に賑やかになってきた。その理由は平成三年に書かれた「**私信**」に明らかで、先生はワープロに出逢われたのである。また、「**わーぷろ症候群**」は筆者宛に送ってきた先生のエッセイであるが、その中の一節、「わーぷろは、気楽なもので、無限の手直しが可能であり、読まされる方が迷惑するだけであります。無理に読ませた後で、訂正する楽しみもあります。やめられませんね。」を読むと、嬉々としてワープロを操作している先生の姿が目に浮かんでくる。先生は、以後長きにわたり、デスクトップ型キャノワードを筆記用具として愛用されることとなった。

先生の趣味は写真、ギター、映画鑑賞などまことに多彩であったが、なかでも模型飛行機を作り、青空に向けて飛ばすことに関しては趣味の域を超えていた。

ある日、先生より雑誌が送られてきた。月刊誌「男の隠れ家」平成十四年五月号、例のワープロによる添え状付きである。

拝啓　長らく御無沙汰致しておりますがその後お変わりありませんか。当方はお陰様にて家族一同目下のところ無事平穏に暮らしております。

過日慶應の卒業生が就職している雑誌社が取材に来ました。「男の隠れ家」という奇妙なタイトルの雑誌で、男の隠れ家というからには、人には見せられぬ妾宅のことかと勘ぐりましたが、内実は建築関係誌だそうです。編集者いわく、色々な職種の人間の書斎の特集を組むので、小生の書斎を見せろというのです。

およそ研究者として書斎が奇麗なのは不勉強の証拠であるし、かと言って散らかり放題の仕事部屋を他人に見せるのも気が進まないので、いやだと断ったところ、書斎はともかくとして、秘蔵の模型飛行機を写真に撮らしてくれというのです（小生の部屋に飛行機が飛び回っていることを、あらかじめ編集者に密告した奴がいるらしい。外務省の役人ならずとも油断ができない）。弱点をつかれて、それじゃいいよと申しました。その結果がかくの如き始末となりましたので、近況報告かたがた一部をお送り申し上げます。ご笑覧ください。

慶應義塾を定年退職して以来、法律の勉強はすっかり棚上げ御無沙汰となりましたが、小学生の時分より名人カメさんに師事し、以未年季を入れて参った模型飛行機の工作は、その後ますます研鑽を積み、今やその技はまさに神妙の域に達しつつある感があります。ご承知のように、ゴム動力の模型飛行機は、まことに奥の深いものにて、やめられませんね。しかしやっている仲間は、皆大正末・昭和一桁生まれの爺さんばかりで、後継者が一向に現れないことが残念です（この点は慶應義塾の神戸法学にも似ている）。

大兄のご健康を切に祈念いたしております。とりあえずご報告のみ申し上げます。敬具

平成十四年四月十日

慶四郎拝

男の自由空間 個性派たちの書斎

天井からぶら下がる無数の模型飛行機。
それは少年の日の記憶につながる〝夢の証〟。

内池慶四郎さん ● 大学教授

文◎神野重房　撮影◎南條良明

「男の隠れ家」平成14年５月号掲載　撮影 南條良明氏

該当箇所を開くと「個性派たちの書斎」と題するシリーズで、なるほど先生の書斎が紹介されている。そのリード文曰く、「天井からぶら下がる無数の模型飛行機。それは少年の日の記憶につながる〝夢の証〟。先生宅を訪問した記者は、書斎の状況を次のように記す。『これは一体なんだ?』天井という天井から、無数の小さな模型飛行機がぶら下がっている。というより、天井全面を飛行機が埋め尽くしているといったほうが正しい。よくホラー映画で床一面を虫が這い回っているシーンが出てくるが、失礼ながら、あれを天地逆にしたような印象を受けた。ちょっと背中がムズ痒い。」

記者はずいぶんびっくりした様子である。見開き二頁の写真には、ちょっと照れくさそうな笑みを浮かべて頬杖付いている先生が、無数の飛行機とともに鎮座されている。そのような先生が模型飛行機への思いを綴った随想が、「**ゼミとヒコーキ**」、「**私の窓の外**」、「**装**」、「**模型飛行機の世界**」である。

もう一度書斎の写真をつぶさに見つめると、本棚の一隅に、はがき大の写真が無造作に立てかけてあるのを発見する。ロバート・キャパ撮影の写真だ。ピカソと若い愛人が浜辺を歩いている写真。先生はこの写真を見つめながら「**キャパの写真**」を書いたに違いない。

「**教え子の消息を知って**」は、先生の教え子・森元氏への愛情が惻々と伝わってくる一編である。その消息については、付録として掲載した「**鑑定書**」編者前書きをご覧いただきたい。

「**老兵は死なず**」、「**愛しき祖国**」、「**三田法学部の講義**」は、懐かしい師や先輩への思いが語られている。いずれも第二章につながる随想録である。

「**巨人の肩車**」は、師や先輩に対する先生の立ち位置(それは、学問に対する先生の立ち位置でもあるが）を考える際に重要なヒントとなる文章だと思う。シャルトルのステンドグラスに描かれた不思議な図柄に、先生はしばし目をとどめる。旧約の予言者たちに肩車された新約の使徒たちの図だ。使徒たちはまるで小さな子どもたちのように見えると先生は書き、「巨人の肩の上から遠くが見える」というニュートンの言葉をすぐさま思いだす。弟子が先師先学の背中によじ登り、肩車してもらうという比喩は、「**ゼミナール創設三十周年記念の挨拶**」の中に出てくる駅伝における襷の比喩とともに、学問に対する先生の考えの基となっているのではないだろうか。次の第二章所収の各文章が、更にその点を詳らかにしている。

第二章　忘れ得ぬ人々

「**私の百年祭——神戸・津田民法講義ノート公刊の顚末**」は、先生から筆者宛に送られてきたワープロ原稿であるが、公表はされていない。「法学研究」第六五巻第四号（平成四年四月発行）に、「資料　神戸寅次郎先生講述　民法総論講義（一）」が、津田利治・内池慶四郎両先生の名前で掲載された。内池先生は同誌上に「神戸先生の民法総論講義ノートについて」と題する長文の前書きを載せている。その一部を記す。「本講義ノートには、我々の先師先学の時を越え場所を越えた美しく厳しい学問の対話があり、ここに神戸—津田—法学の承継的展開の系譜がある。……慶應義塾に民法を学ぶ一人の後進の研究者として、本講義ノートを公刊する機会を得たことを、心から嬉しく有難く思う次第である。願はくば、新たなる世代の学問の限りない前進のために、このノートが一つの礎石とならんことを。」内池先生は、この溢れる思いを前書きだけでは言い足りなかったのであろう。その思いの丈を更に述べられたのが本稿である。

なお、神戸講義ノートはその後、先生が「**新著紹介**」で大いに喧伝する「神戸寅次郎　民法講義」としてまとめられ、出版された。第一章所収の「**ゼミナール創設三十周年記念の挨拶**」において、「売り切れる恐れは決してないから、皆に買って頂きたいと思う。中身は読めなくてもよろしい。床の間か応接間に飾りなさい。」と焚きつけているのも、この本である。

先生は、弱冠三二才の助教授時代、「無意識的不合意と錯誤との関係について」（昭和三九年）と題する論文において、神戸説に依拠された意思表示論を展開されているが、先生が神戸講義ノートに関わるようになった平成三、四年頃から、神戸、津田両師への思いはいよいよ強いものへとなっていったように見受けられる。「**研究余滴――神戸寅次郎著「契約解除論」を読む**」、「**津田・横槍民法総論に感ずること**」、「**目についた鱗――横槍民法総論随聞記**」は、内池先生の神戸、津田両先学に対する篤い思いが沸々と伝わってくるエッセイである。先ほど紹介した「神戸寅次郎　民法講義」には、解題として、内池先生のお書きになった「無意識的不合意と錯誤との関係について」や、「神戸寅次郎先生の契約理論について」、「法律学者神戸寅次郎」等が併載されている。同書は先生の予言どおり、未だ売り切れになっていないとのことであるから（但し残部僅少）、お持ちでない方は早々に購読されることを願う。

内池先生にとって、もう一人の先学は、民事訴訟法学者の伊東乾先生である。昭和四五年当時まだ学部生であった筆者は、民事法学合同研究会において法解釈学方法論をめぐる津田＝伊東両先生の公開論争がなされると聞いて、こそこそともぐり聴講に及んだが、学問に携わる先生方の真摯でかつ峻烈な論争にただただ圧倒されたのだった。その時の様子を記されたのが「**三田の山が輝いた日**」である。

その津田先生は、平成十一年、病の床にあった。同年一月二五日、伊東先生と内池先生は連れだって、津田先生が入院する聖テレジア病院へお見舞いに行かれた。帰途しばらくして、内池先生は伊東先生にお手紙を認める。残念ながら、そのお手紙は未見であるが、「内緒だぞ」と言われて内池先生から見せていただいたのが、伊東先生と内池先生間の「**往復書簡**」である（なお、伊東先生の書状中にある「御同封下さった二十五日備忘」とは、第二章所収の「**津田先生の言葉**」本文から一〇七頁五行目までの文章であったことは間違いない）。師と弟子に関する深い思索がお二人の間で紡ぎ出されている。

ところで、筆者は、上記往復書簡を本書に収録させていただくことのご承諾を得るため、伊東先生にご連絡申し上げたところ、ご快諾いただくとともに、お二人でお見舞いに行かれた当時のことをご文章にまとめられ、筆者宛お送りいただいた。茲にご披露申し上げる次第である。

「あの日のこと」

伊東　乾

津田先生がお亡くなりになる少し前の話である。

その御入院先を内池さんが御存知と聞いて、私も一度お見舞に伺いたいけれど、御案内いただけないだろうかと、内池さんにお願いしたことがある。

洵に快く、お連れしましょうと、言って下さったので、すぐに日時が決まった。

その日、私の方は、藤沢の始発駅から江ノ電に乗って、江の島からはオモチャのような電車で、鎌倉方面へ、海岸を辿ったワケだが、内池さんは鎌倉の方から、同じく海岸を辿って、同じく江ノ電で、打ち合わせた駅まで来てくれた。

落ち合ったのは、鎌倉高校前で、海の反対側はスグに丘で、丘を少し上がれば、そこに、カトリックの病院があった。この辺の海岸は七里ガ浜と呼ばれているらしいことは、アトで知った。津田先生は、当時、この病院に入院して居られたということになるのだが、不器用な私は、病人をなぐさめることが出来なかった。

まさに、正反対で、先生は、内池さんの顔を見るや否や、急にお元気になられた。

「君、チャント見てごらん。立法者の意思がハッキリ見えるではないか」

内池さんの理解が行き届いているのを知ったことが、その時の津田先生の大きな救いであったこと、疑いがない。

お見舞を済ませたアト、二人は、駅のスグ近くの小さな喫茶店に入った。

その際、私は、鷗外の澁江抽斎の文庫本を携行していた。はじめから、私は、内池さんの読書論を聴きたいために喫茶店に誘ったのである。果たせる哉、内池さんは、澁江抽斎など、とうの昔に御覧になっていた。ひとり澁江抽斎だけではない。鷗外の作品はもう全部、読破して居られた。水を向けたら、ひとりただ、鷗外だけではない。二葉亭四迷から、漱石から、泉鏡花から、永井荷風から、と、何もかも讀了済みで居られた。その小さな（何もない）喫茶店に、二時間あまりも居たのではなかったろうか、讀書子＝内池の面目、まことに躍如として、何ともたのしい時間を過ごしたことである。

未だに、私は、あの日のことを忘れない。あの日、津田先生は、現時点での私と同じ年齢で居られたのではないカナと、私は、いまだに、よく、フト、あの日のこと、思い出す。

（二〇一三年・九月七日　稿）

津田先生は平成十一年二月二五日逝去された。それから一年後、内池先生は「流石」誌上に、津田先生が残された最後の言葉を綴った（「**津田先生の言葉**」）。更に、津田＝伊東＝内池三者間で思考を重ねた師弟考を、「**師と弟子と**」と題し、平成十三年開催のみなと会特別講義において発表されたのである。

第二章には、以下、先生のお書きになった弔文を収録した。**今泉孝太郎先生**は、内池先生が塾法学部民法助手として採用された際の恩師であり、**人見康子先生**は家族法専攻で内池先生の七年先輩にあたる。内池先生同様、ヘビースモーカーで社交ダンスの名手だった。

斉藤幹二氏は、第一章でも述べたとおり、内池先生の模型飛行機仲間であられた。

佐分純一先生は、内池先生の九年先輩にあたり、塾法学部の日吉校舎でフランス文学を専攻されていた。内池先生とは終生映画の友で、「二人だけの映画研究会」を立ち上げ、あの映画この映画を見ては駄弁っていたという。

須藤次郎先生は、内池先生の一回り上の先輩で、国際私法を専攻されていただけでなく、俳句にも秀でていたことは、本文をご覧いただきたい。

第二章と第三章の架け橋として、内池先生の翻訳詩を掲載する。先生は、エドガー・アラン・ポウがことのほかお好きだった。それも彼の小説や評論ではなく、ポエムがお好きだった。ある年の十二月にいただいた先生からのお手紙には、ポウの詩、「大鴉」の中の一節である、Ah, distinctly I remember it was in the bleak December; を引き、「あゝまざ〳〵と思い出づ　そは荒涼たる師走なりけり」とご自身の訳をつけてくるほどであった。

"A DREAM WITHIN A DREAM" の訳詩は、筆者が先生から二通りの訳をいただいたうちの後者のもので、まことに残念なのは、最初にいただいた訳文をどこかに散逸してしまったことだ。ただし、掲出した訳詩は、筆者宛に「夢の訳文どうにも気に入らず、少々手を入れました。」との添え書きとともに送られてきたもので、先生としても得心のゆくものであったに違いない。荷風の「珊瑚集」を愛読されていた先生ならではの彫琢の翻訳である。

例えば、冒頭部分を加島祥造訳（岩波文庫版）は、「その白き額にぼくのキッスをうけてほしい！」とし、入沢康夫訳（創元推理文庫版）は、「その額にこのくちづけを受けてくれたまえ」としている。最終行も比較してみよう。加島訳は「やはりすべては―ふたりがあんなに見たり／思ったりしたことのすべては―／夢の中の夢なのか？」。入沢訳は、「私たちの見るもの　見えるものは／ことごとく夢の夢に過ぎないのでしょうか？」

筆者は、断然内池訳を支持する。

第三章　法と言葉

内池先生と言えば、時効制度に関する研究の第一人者であることに異論を述べる者はいない。第一章所収の、「**なぜ時効か**」や「**福澤賞受賞のご挨拶**」、更には、付録として掲載した「**鑑定書**」は、その点の事情を詳らかにするであろう。

しかし、先生は、同時に、意思表示論について並々ならぬ関心を抱いておられた。前述の通り、先生の神戸法学、津田法学に対する傾倒は、神戸、津田両師に脈々と流れている意思表示論、法解釈学方法論の系譜を受け継ぎ、これを後進に伝えようとする決意表明でもあった。ただし、意思表示論というと、先生の関心の幅を捉え損ねるおそれがある。もっと端的に言えば、「言葉」に対する関心というべきだろう。第一章所収の「**講義と雑談**」中に、昔教わった先生方の講義の本筋は一向に思い出せないのに、講義の途中で先生の挟まれた雑談や駄洒落の類ははっきりと記憶しているのはなぜだろうかという箇所があるが、筆者も四十年以上前、日吉での授業中、先生が「ドイツの格言に、Ein Man, Ein Wort というのがある。一人の男に一つの言葉、日本流に言えば、武士に二言なしだね。それでは、女性はどういうかというと、Eine Frau, Ein Wörterbuch、女性は一冊の辞書だそうだ」と言って、にやりと笑った時のこと（ばかり?）を覚えている。顧みるならば、この冗談もまた、既に言葉の拘束力をめぐる先生の関心の行方を指し示していたものといえる。

「**法と言葉――シェイクスピアの戯曲にみられる約束の力と解釈の問題**」は、昭和六三年、佐分純一先生の退職記念論文集に掲載された論考であるが、言葉のはたらきに内在する規範的問題がテーマとなっている。すなわち、先生は、言葉＝約束には規範を創造する力を有している次第を「ハムレット」から読み解き、しからば、その言葉を相手方及び第三者（裁判官）はどのように解釈すべきかとの問題を「ベニスの商人」を題材として考察する。

特に、後者の問題を、先生は更に深く思索することとなった。その機縁となったのは、先生が、上記論考を本井英氏にお送りしたことによる。本井英氏は、当時慶應義塾志木高等学校において教鞭を執られており、現在は俳句結社「夏潮」を主宰されている俳人であるが、その本井氏から先生宛に送られた返信書簡の内容に、先生はたちまちのうちに惹きつけられ、言葉の持つ多義性と、その解釈方法について大いなるヒントを得たのだった。茲に、本井氏のご承諾を得て、本井氏のお手紙と、お手紙の内容に対する先生の筆者宛自問自答メモを、「**本井氏書簡について――解釈の問題と「去来抄」**」と題し、掲載した次第である。

それから六年後の平成六年四月、先生は、通信教育部の主催する特別講演会において、「**法と言葉と解釈の問題――わが学問・わが教育**」と題する講演を行った。先生が長年にわたり思索を続けてきた言葉の拘束力をめぐる問題、言葉と法の関係、そして意思表示(約束)の解釈ひいては法の解釈について、内池試案を提出されたのである。長い道のりであった。しかも、その道すじはいくつもの細い道すじを通ることもあれば、ある時は横道、裏道に逸れ、再び本道に戻る、そのような道行きであったように感じる。

なお、先生は、平成九年三月に慶應義塾大学を退職されたが、その年の六月二六・二七日に行われた民事法合同研究会の席上、先生は、意思表示の解釈をめぐる積年の検討結果を発表された。平成六年四月の前記講演が総論または概論だとすれば、研究会での発表はより専門的な各論の提示ということもできよう。その時の発表内容や、発表時の出席者との間のヴィヴィッドな議論は、のちに「民法九七条・五二六条における基本的問題の設定――基本的問題の提起(基本的態度決定)」、「承諾の効力と契約成立時期の問題――民法九七条に関連して」の題名で活字化された。先生を慕う後進気鋭の学者諸氏によって刊行された「内池慶四郎先生追悼論文集　私権の創設とその展開」(慶應義塾大学出版会刊)に、先生の上記論文もあわせて掲載されているので、購読いただければ幸いである。

内池 慶四郎
1932年生まれ。慶應義塾大学名誉教授。
著書に、『出訴期限規則略史―明治時効法の一系譜』（法学研究会叢書20）（慶應義塾大学法学研究会、1968年）、『不法行為責任の消滅時効―民法第七二四条論』（消滅時効法研究第1巻）（成文堂、1993年）、『消滅時効法の原理と歴史的課題』（消滅時効法研究第2巻）（成文堂、1993年）、『神戸寅次郎 民法講義』（法学研究会叢書60）（津田利治先生と共編著、慶應義塾大学法学研究会、1996年）ほか。2012年逝去。

法、言葉、忘れ得ぬ人々
――内池慶四郎随想録

2014年6月20日　初版第1刷発行

編　者――――慶應義塾大学内池研究会・みなと会
発行者――――坂上　弘
発行所――――慶應義塾大学出版会株式会社
〒108-8346　東京都港区三田2-19-30
ＴＥＬ〔編集部〕03-3451-0931
〔営業部〕03-3451-3584〈ご注文〉
〔　〃　〕03-3451-6926
ＦＡＸ〔営業部〕03-3451-3122
振替 00190-8-155497
http://www.keio-up.co.jp/
装　丁――――鈴木　衛
組　版――――株式会社キャップス
印刷・製本――中央精版印刷株式会社

Printed in Japan ISBN978-4-7664-2153-8